U0100234

大展好書　好書大展
品嘗好書　冠群可期

大展好書　好書大展

品嘗好書　冠群可期

武術特輯 155

萬籟聲

技擊教範

萬籟聲　著
萬士震　整理

大展出版社有限公司

一代宗師─萬籟聲先生

3

萬籟聲先生教美國空手道朋友易筋經的內功。

在紐約創辦中國武術學校的美國朋友

萬籟聲先生練功照

萬籟聲先生向長子
萬士震授武。

2003年2月24日在福州市人民
大會堂隆重舉行了萬籟聲先生誕辰
100周年的紀念大會。

萬籟聲先生筆跡

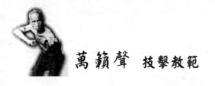

作者簡介

萬籟聲1903年2月21日
（癸卯年正月二十四日）生於湖
北鄂城縣（鄂州市）葛仙鎮（葛
店鎮）；1992年8月8日（壬申
年七月十日）卒於福建福州市鼓山鄉浦東新厝49號，享
年90歲。

先輩係中原人，宋南渡時遷江西，明季徙居武昌（鄂
城）。父名書田，是忠實商人；母張氏，葛店人。先師有
叔二；兄二，姊妹各一；子三，女二，孫一，孫女二。

1915年，13歲，至二叔家，在北京入校讀書，畢業
於北京國立農業大學森林系，並留校任助教、講師等職。
在京一十三載。二叔萬廷獻，投身於孫中山領導的民族
民主革命，並參與指揮辛亥首義。兄弟三房，有子侄11
人，均視為己出，全力承擔起受教育之重任，其中受過高
等教育者凡七人。先師排行第七。由於在此環境中成長起
來，塑造了其俠骨義膽、親疏同仁的性格。

在校時學名萬常，號常青。求學期間，文武兼修，先
後得七位高師傳授，苦學「文、武、道、醫、拳」五寶，
並打下了堅實基礎。武術上外家少林和內家武當師傅是河
北趙鑫洲，自然門氣功師傅是湖南杜心五。

1928年秋出版《武術匯宗》，按四兄萬籟天意，改名萬籟聲，始用此名。冬初經選拔賽率河北武術代表22人，到南京參加全國武術國考，即擂臺賽。賽事中，以其堅實的功底和凌厲的技擊而嶄露頭角，同仁一致推為魁首。中央國術館館長張之江極力推許，並約聘該館教務主任。其間遇羅漢門真傳之劉師百川，得其傳；逢佛家「同心小補堂」主鄧學輝，與之學。冬末應兩廣總指揮李濟深主席之聘，到廣州創辦兩廣國術館，任館長，授少將軍銜。從此改行專事武術，行「強國濟世」事業矣。

　　1929年春，兩廣國術館正式開館，僅半年，發生政變，即蔣介石收買五陳倒李，陳濟堂取代李職。萬師嚴辭指斥，憤然離去，暑期買舟赴滬。冬參加上海各界為黃河水災籌款所舉辦的武術對抗賽，連贏兩場，取得優勝。

　　1930年春應五師之聘，任該師武術主任，辦軍官講武堂於上海斜土路半年。入冬至南京，在軍校任武術總教官。經郭歧鳳勸說，向李景林呈上門生帖，為記名弟子，得武當劍和太極對劍真傳。

　　1931年冬，應湖南省主席何鍵之聘，到長沙。1932年春，創辦湖南國術訓練所，任所長。折服馬老道及其徒眾。四海英雄聞風來會，殊極一時之盛。其間出武術月刊、原式太極拳圖解等專著。

　　暑期，湖北省主席夏斗寅函請萬師為家鄉助力。乃到漢口參加武術比賽大會，擺擂一月，來者談談打打，均皆嘆服。此期間，出武德、武術常識等刊物，經漢口老大楊慶山介紹，往訪「長春觀」上賓蘇恢元，一見如舊識，同

住觀內新修「來成樓」，從學神武。得河洛周易之學，學得修養身心的功夫。農曆七月隨蘇師赴鄂豫交界之雞公山蘇師寓宅「遂生靈道學社」，在山頂「周觀洞」獨住三日，不食不飲，練餓功，得奇異景觀！又學靈掌氣功療法。下山返漢，有上海之李大爺炳青，邀去滬一遊。

1933年夏，應南海普陀山長老瑩照邀去海濱度暑，率六生抵寧波，至普陀山，書鑿「七星岩」於太子塔前沙的海邊山岩上，此跡至今仍存。秋回上海，時李濟深在福建同蔡廷鍇等組織人民政府，托來滬者函請去閩參加革命，遂南行。嗣因蔡準備不足，致為蔣所乘，故功敗垂成。次年李主席送萬師等去香港待機。旋回李主席家鄉廣西梧州郊區料神村。冬，李主席介紹在梧州廣西大學任體育部主任。

1936年正月，廣西省會南寧開省武術對抗賽大會，白崇禧專機接萬師任總裁判長，並臨場示範表演。

1937年35歲，西大改組，老友經南京來信，約萬師前往，遂束裝赴寧。遇國防部張某邀同去上海聯繫民間武術組織，擬從事遊擊隊抗日，未果。「七七」盧溝橋事變，到洛陽補充兵訓練處任武術教官，並戴職受訓於河南省軍官教育團第一期畢業。

1938年退到武漢，住武昌。日寇疲勞轟炸，日夜不停，持續一月，武漢不保，乃輾轉至桂林。冬末，中央訓練團請任武術總教官。適熊某妄自尊大，登報暗示挑戰擺擂比武，一月無勝者。最後一天萬師出場將其擊倒，川間大震。各界擬為萬師籌辦四川國術館云。

1942年40歲，福建省主席劉建緒，鑒於日虜尚武，南人難以制服，遂請萬師至當時省會永安創辦福建省體育師範學校，任校長。次年省教育廳改組，ＣＣ派徐箴任廳長。由於萬師有礙ＣＣ派進入體師而去職，即應聘福建省農學院任體育教授。

1945年秋末，日本投降，不久隨農學院回福州。抗戰結束，內戰又起，滿目瘡痍，百業凋敝。見武術前途渺茫，遂考得中醫執照，加入福州市中醫協會，課餘做了骨傷科醫師，為人民健康事業服務。

1949年47歲，新中國成立後至逝世前，以醫為業，海內外從學武術者不絕於踵；同時撰定了大量專著。

1956年政府指名代表福建省到北京參加全國武術表演賽，任裁判，受到國家體委領導的推重，且深得同道的好評。萬師數十年離開求學時代的故都，今日重臨，正是舊貌換新顏，不僅會到從前武術界老友，還遇見故人後輩。念久歷風霜，後起多秀，傷慰交集，思緒萬端。

1957年，福建省舉辦武術比賽大會，任裁判長，表演自然門基功及捲鋼板等，大得讚譽，海內外報刊紛紛報導。旋赴北京參加全國武術評獎觀摩大會，獲表演獎。

1981年5月，以鐵道部火車頭武術隊總顧問的身份，至瀋陽參加全國武術觀摩交流大會，全面論述發揚中華武術風格，把中華武術推向世界的問題。

1982年12月，被特邀參加全國武術工作會議，會上就中華武術的內涵及其功用以及武德等問題，作了重要發言，並參加武林精英表演；同時獻展了幾十年嘔心瀝血撰

成的武術教範等約15公斤重的專著手稿，受到國家和國家體委領導，以及武術界的好評，譽為國寶。

新中國成立後曾任：

中國體育科學學會武術學會第一屆委員會委員；

中國保健研究會武術醫療分會總顧問；

火車頭武術協會顧問；

中國火車頭體育協會南昌區武術協會總顧問；

武當山武術研究會總顧問；

武當山武當拳法研究會第二屆理事會顧問；

杜心五自然門研究會榮譽會長；

福建省政協第六屆委員會委員；

福建省武術協會名譽主席；

福建省電子醫療保健中心及

福建省電子醫療保健科學研究會顧問；

福建中醫學院武術顧問；

武夷山蘭亭學院客座教授；

中華氣功南方聯誼研究培訓服務中心總顧問；

福州市氣功科學研究會第一屆理事會顧問；

福州市氣功科學研究中心武術氣功研究著述特級導師；

福州市武術館名譽館長；

鄂州市「振興鄂州建設家鄉」專家顧問；

長沙市武術運動協會顧問

漳州市武術協會總顧問；

漳州市武術開發培訓中心總顧問；

13

長樂縣武術協會航城自然門技擊學校校長兼總指導；

長樂縣武術館總顧問；

自然門武術館總館長；

中國太原自然門武術館總館長；

六合自然門武術館總館長；

石獅自然六合武術館名譽館長；

福建搏技武術館總顧問；

中國萬籟聲武術學院院長兼總教練。

1992年2月27日，萬師90大壽，二千多海內外來賓、武林同道、學生弟子，在福建省體工隊凌雲宮為他祝壽。全國人大副委員長彭沖、全國政協副主席洪學智、中顧委常委李德生、全國政協常委何政文上將、全國人大常委會外委會委員賀進恒、全國政協常委魏傳統、中顧委員王誠漢上將、國務院副秘書長安成信、中國武協主席徐才、文化部副部長陳辛仁，國務院新聞辦一局局長吳帆等領導和萬師海內外弟子紛紛發來題詞賀信賀電，讚譽萬師「武術之光」、「武林文星」、「秦松漢柏精神，夏彝商鼎骨氣」。全國體協總主席、國際武聯主席李夢華，代表全國體總向萬師表示熱烈祝賀，稱讚他「為中國武術事業做出了巨大貢獻」。

同年8月8日逝世，福建省體委、武協、福州市體委、武協與親友弟子千餘人為萬師舉行追悼會。國家體委負責人發來唁電。

1993年4月5日清明時節，門人親屬家鄉人民近千人在葛店，舉行了萬師骨灰安葬儀式。鄂州市人大、政協領

導、市體委、體總負責人，葛店黨政領導參加。福建省政協、福州市武協專電表示敬仰和哀思；萬師高足中國文化大學教授、中華武協顧問羅開明從臺灣寄來挽聯：

> 杖履早追隨，
> 縱橫倜儻，
> 一代宗師，
> 武壇更聆匡世論；
> 門牆空悵望，
> 壯志難酬，
> 百年業績，
> 長懷化雨沐春風！

中華武協理事長黃善德先生寄賦：

「悼武壇耆宿萬籟聲先生」

七　律

> 允文允武早馳名，
> 赤膽忠肝晚節貞；
> 著作等身長不朽，
> 岳陽湖水隱巨鯨。

萬師出生在多難的中華大地，和我們這個偉大民族一樣，歷盡了坎坷。但他素有奇志，熱愛國家，熱愛人民，酷嗜「文、武、道、醫、拳」五寶以之行世，宣導「信、

義、俠、勇」四德以之立身；嚴於律己，樂於助人；心誠意專，矢志不渝，數十年如一日地致力於學習、實踐、繼承、弘揚中華民族的傳統文化，以增強國人的自信心和自尊心。尤其是在武術實踐和提高上，培養了大量人才，總結了豐富經驗，遺留了數百萬言的著作，為國家做出了傑出貢獻，終成一代宗師、武林泰斗。而今桃李滿天下，碩果遍人間。萬師之未竟事業，將如莊生所言：「指窮於為薪，火傳也，不知其盡也」。

萬士震

游龙墨迹飞来如急
风归雨去似飞楼梯
云一望无春阑山花似啼
毛乙色之风雨归去脱兔
真是君和世去珠之园玉
圆才去一等刃夫
小平黄声

上宗功夫至臂春吐浮沉巧逢

迎收放腿传送地缠绕圈腿之后沉西圈。

某山房書

一動靜元明感化

無端二氣之實

月照而然

拳決　這是自此入門的

元成

前　言

　　武林泰斗，一代奇才，萬籟聲（1903—1992）大師，
湖北鄂州葛店人。1946年定居福州，是馳名中外的武術
家、技擊家、自然門一代宗師；也是飲譽南國的風傷科
醫生。生前以「文、武、道、醫、拳」五寶行世，「信、
義、俠、勇」四德立身。有「武林文星」之稱，「武術
之光」之贊；更有「秦松漢柏精神，夏彝商鼎骨氣」之
頌……

　　大師遺著手稿千百萬言，有武術、氣功、醫藥、文史
哲之專著；也有散文、雜感、箴言、警句、回憶錄等篇
章。內容博大精深，是繼承華夏傳統文化之奇葩。

　　萬籟聲武學均得自異人高手之傳授。如名噪大江南
北、長城內外的劉神仙，譽滿京華的王半仙，南北大俠杜
心五，永勝鏢局鏢頭趙鑫洲，川西大俠楊畏之，達人奇士
鄧芷靈、蘇恢元，江南第一腳劉百川等。復經大師八十年
行持淬礪，形成了獨具特色的萬籟聲武學。

　　它吸取儒、釋、道、醫、武之精華，融少林、武當、
內外家、南北派於一爐，揚長避短，去粗取精，寓「軟、
硬、輕」三功、「巧、妙、化」三法。其很大一部分是先
賢擇徒而授的不傳之秘，這些在大師武學著作中，特別是

21

在晚年的手稿裡，均摒除私秘，全部公開，且解說詳明，親身示範，圖文並茂。只要一冊在手，認真鑽研，反覆磨鍊，再輔以答疑，即可無師自通。

為了普及弘揚中華武術，利人濟世，並把它推向世界，大師在諸多武學著作中，特編撰了四大教範：《國際武術體育教範》、《國際武術體操教範》、《國際技擊武術教範》、《國際氣功武術教範》。現經整理為武術、技擊、內功三個部分，體育、體操附之，並以其名統冠全書，即：《萬籟聲武術教範》、《萬籟聲技擊教範》，氣功部分歸於《萬籟聲技擊教範》之中。「武術」、「技擊」先行付梓，作為教材，以應讀者。

「武術」包括拳術、基功、器械、暗器四個部門，但以拳術為始基。「技擊」為武術中之精華，凡擅中國武術內外家，所有「摔打擒拿，騰閃刺紮，虛實巧打」之能者，即是技擊；包括自衛、衛國的精神和手段在內。

在技術之構成上，則不出防守和攻擊兩方面。所以每個動作，不是攻擊即是防守，不是防守即是攻擊；攻擊中有防守，防守中有攻擊；虛中有實，實中有虛，虛虛實實，自然而然。

中國武術，簡言之，分內外家和南北兩大派。南派少用腿，手法短，宜於貼身靠打；北派多用腿，手法長，宜於猱捷進退。「教範」則兼兩者之長以為用，亦即中國之搏擊運動，為採武術應用上之精華所編成。明列招式，真傳秘訣要竅，詳述基功、暗器練法，切中實用。

武術對抗為國際所競尚，固不僅國人得其相當補益，

即國際搏擊上，亦得其借助。

　　氣功在我國已有 4600 多年的歷史，它是發揮人體功能潛力的重要手段。惜以前秘其術，靳其論，使人們莫測高深；或傳者失實，引起不良後果，甚至任讀高懸，走入迷途。這部氣功篇是研究中國內外功夫之所得，是勞動人民同疾病和外侮做鬥爭的總結，是中華武術之精華。大師曰：「本人行年八十旬之所得……公行於世，保健人群，留一鴻跡……我年已高，帶去人間，有負國家的培養、人們的期望」。

　　此著要言不煩，一紙真傳，「任何稍具文化的人，如能對本書稍加揣摩，各投所好，擇研幾種，自會得著修養的鑰匙，不難一索而通，學有成效。」

萬士震

目　錄

技　擊　篇

萬籟聲 技擊教範

技擊篇

第一章 功 理

中國武術，起於新石器時代。門派繁雜，技術冗衍，欲求於最短期間，蔚為國際技擊體育；以軍事部勒，集看、練、用三者之長；以科學理論，獲有簡明應用的功夫，殊不易矣。

武術原為軍事體育的一部分，為了推行於軍事教育中，作為強健體魄，增加自衛技能，爰於編著國際武術體操、氣功等教範之外，再編訂《國際技擊武術教範》（現名《萬籟聲技擊教範》），雖是粗具規模，但作為普遍的技擊鍛鍊，取得代表性示範，是可以適用的。

人們善於本教範所述各節的含義，再進而研究他門藝業不難矣。但是既為教範，就不應常常增修，使教練者無從著手，允宜作為久長的範本。

練習套路為演繹法；練習應用為歸納法。這個理論聯繫實踐，即是武術科學的究竟。

1.技擊淵源

技擊武術，不僅為中國的民間體育，亦將推行於世界，蔚為國際體育中之一環。識此之故，不必再溯源於黃帝、達摩之論，當是勞動人民的祖先，為了自衛生存，積累其技術所以致勝的經驗，發展以至於今日，當初固不知

其為體育技擊鍛鍊也。

這種說法，任何國家的發展史莫不皆然，非獨中華民族獨異；惟方法和用具上，各有精粗而已。前之《國際武術體育教範》，是傳授技術體型和方式，作為全民的武術體育普及教材，未特言技擊上之應用和模式，如再擅前作，功夫更易於精進了。

2.技擊武術教育

中國以前是重視「智、仁、勇」三育的，後來文風壓倒武界，以致文武脫節，重文輕武，習於腐化，鄙棄鍛鍊，這才國事不振，人民身體柔弱，不能為用。一旦外侮侵凌，則惟有割地賠款。乃環顧西歐各國之講求衛生，獎掖體育，有識之士，始恍然有悟於國勢之頹靡，固不僅生產建設和科學文化上的落後，而從事勞動之「人」，體力不強健，斯萬事皆廢。

這當然不是說只有講求體育，鍛鍊武術即可強國；是說強國亦可，強世界亦可，使人人「心身」不健康，體力不充沛，而又未與科學技術相結合，提高國民教育水準，卻是緣木而求魚。

3.技擊武術內容

武術包括拳術、基功、器械、暗器四個部分，但以拳術為始基。有如文字尚且不通，從何作詩作歌。不拘拳術或器械，均具有健體和自衛的性能。

蓋由鍛鍊之中，已盡健體之效，而虛實變化之內，又

得自衛衛人之功。在技術之構成上，則不出防守和攻擊兩方面，所以每個動作，不是攻擊即是防守，不是防守即是攻擊；攻擊中有防守，防守中有攻擊；虛中有實，實中有虛；虛虛實實，自然而然。

因之，武術從鍛鍊上來說，已盡各機能充分發展之能事；在技術上來說，正是軍事作戰的基本訓練，可以增加膽勇，可以完成任務。實一個國家，無論個體抑或整體，都是不可或忽的。

4.武術派別

武術之在中國，簡言之，分內外家和南北兩大派；而兩派之中，又以北派為中心。北派始於河南嵩山少林，南派始於福建泉州少林。所謂南拳北腿，亦不盡然；只在用功上，南派主力，動作較硬；北派主勁，用功較軟，而作用上，還是剛柔兼資的。

在內家上，少林內功是達摩大師所傳的推揉提氣內功。武當內功，是宋代張三豐真人所留下的張式太極拳。現均應用於體育療法之醫學方面了。

拘於一部分的為力，流動於四肢的為勁。南派少用腿，手法短，宜於貼身靠打；北派多用腿，手法長，宜於猱捷進退。本教材則兼兩者之長以為用。

5.武術實效

今日之武術，欲求實效：一要精簡適用，二要實地搏擊，三要摔跤舉重，四要打靶跑步，五要野外演習。

他之游泳騎射，開車跳傘，劈刺鬥劍，田徑球類，均與武術有不可分離的聯繫。

6.武術訓練

武術訓練，約分四期。分之為四，合之為一。首求形式之正確，次求應用之法則，再求基本體力之鍛鍊，再求野外地形之利用與練習；而同時亦均在指授實用於野外戰鬥為原則。本教材之訓練，通以四個月為一階段，可以通習矣。

7.武德

說話要講信用，做事要講正義。這便是武德。

8.餘義

本人所著各書，已備言拳術器械種種的用勁和用法，此中不必多論了。這本教材所述，以簡明適用為主，以軍事部勒，推行於軍警、軍訓學生、民兵為目的。直接予以扼要的隊形教練，技擊對搏，是與武術他著，有一部分同其名而不同其性質的。

（一）自然門氣功之訣

無論練習中外體育和武術，都是由鼻微微出氣一口，自然兩肩下沉，小腹放鬆，意微存小腹，目似視對方人兩眉之間心理；手手打伸，以兩肘打伸為度；腿腿踢伸，以

兩膝踢伸為度。

由輕到重，由慢到快。勿用硬勁，呼喊出聲；矮襠，動作自然。亦可高可矮，可以休息，慢點再快。自然而然，自己生理上就引精入骨，煉氣入髓了。

平日休養，亦用「垮肩下氣」之訣，不必著相，不必握固；意到氣到，氣到神到。不要自己「搗鬼」，小腹發硬了、發軟了，等等。

至於氣功外發、內發，是人們要這樣說呵！氣功練好，打出即是外發；不打內在，即是內發。所有冷氣功、活氣功，都在我說的「金鐘罩，鐵布衫」法之內，不必多分了。

江湖術士，故作神奇，又未得著真傳，胡說一氣，現在練氣功的人多得不洽之疾，就是這個緣由。而所謂汽車過身，打磚打石，油錘貫頂，鐵板橋，滾玻璃，捲鋼板等等，只要有體力之青壯年，一指訣竅，就會練到，這不是氣功武術，是雜技，是戲法。

因此胡傳，以致練成神經障礙，啼笑亂動等等症狀都出現了，並且很普遍。此中不多贅，以免發生誤會。我現常為他們治這類病，不得不說幾句。神經病院對練功致疾者，無藥可醫。

我是用自然門氣功之訣，來編著這一部武術教材的。因為只在練時的氣功傳授之訣上看問題，不在動作形式上論內外，按此真傳氣功訣竅練習，外家也成內家，一切做法均成氣功了。

拳腳器械如此，練習各類基本功亦然。久之，自會煉

精入骨，煉氣入髓；軟硬輕合一，巧妙虛一致；談不上什麼硬氣功、軟氣功，吾道一以貫矣。如此練法，不僅武術的練功上統一，各種門戶派別亦可統一了。

並不是只習本統一教材，他門功夫不重視；是為了統一推行，強健心身，練會了這統一教材之後，仍可續教自己的拳種，只是將以前的氣功練法，按本書上所說的改正可矣。

我們今天不是希望人人成為武術家，是希望人人會練幾下，早睡早起，鍛鍊身體，以之代替不良嗜好，以之消遣世慮，養出高潔操守上的強健體格。不僅武術如此，即歐西的體育運動亦然。

（二）六合與自然

1. 內練精氣神，外練手眼身。

是為六合。

2. 準、穩、狠，顧、絆、定。

是為六合門對抗之訣。

3. 意存小腹，口閉神凝；動作自然，手手打伸，腿腿踢伸。

此為自然門的練法。

4.動靜無始，變化無端；虛虛實實，自然而然。

此為自然門對抗之訣。

均要持恆，勿用僵勁。練功不放寒暑假，故有「冬練三九，夏練三伏，勁始入骨」之諺。

（三）對抗秘訣

1. 按氣功傳授在於意守小腹，呼吸以鼻，目視對方兩眉之間。

2. 在於「填空不應響」，俟其「舊力已過，新力未生」之頃，以「慧劍藏丹吐」之訣而突擊之。

3. 你打我也打，在你想出第二手時，恰恰相碰頭。

4. 手與腿取得聯合作戰之作用。手到腿到，腿到即手到；有如常山之蛇，擊腰則手腿皆到。

5. 隨方就圓，隨直就橫。勿拘執，勿大意。圓轉自如，縱橫捭闔。守如待兔，急如雷電。浪步浪步，無始無終；不及不離，隨屈就伸，自然而然。是為自然應敵法。

（四）技擊總訣

不拘中國武術的內外家、南北派；或歐西的拳擊，東瀛的柔道，東南亞的空手道，跆拳道……總不外手眼身法步的靈活，「肩肘腕胯膝」的運用，只是在技擊上，有

打有封,有攻擊有防守。在柔道一方面,只可摔、背,不得襲擊或手腿並用。所謂「講摔不講打」。但「講打」,是可以「講摔」的,只要你摔得著。

至於技擊,就是要用我在「內功」教範所說的總訣練習:意存小腹,呼吸以鼻,目視對方兩眉之間;勿站死椿,勿講招式。

要知道,練時是有招式;用時,就沒有招式了,是身手合一,進退靈活;以巧破拙,以長禦短;來如疾風驟雨,去似風捲殘雲;眼到手到,手到腿到;你左我右,你右我左;逢強智取,遇弱活拿;不沾不脫,似進似退;一氣呵成,隨風走葉;出手軟如綿,上身硬如鐵。能至此境,功臻上乘矣。

第二章　舒筋活動

第一節　手　型

一、拳　式

五指捏鳳錘。圓者名拳，方者名錘（圖2-1）。

二、掌　式

掌之作成，須大指縮攏，四指並列，小指微向裡傾。掌之正中名掌心，大、食二指張開處名虎口。仰為陽掌，覆為陰掌。食指節出名鬼頭指，中指節出名鳳點頭，五指捲出名虎爪掌，中食二指並出名劍訣（圖2-2）。

圖2-1　　　　　　　　圖2-2

三、鉤　式

鉤須五指齊力，一
同併攏，腕向下傾，為
鉤開敵人之拳腳也。
凡腕打均先成鉤式，分
啄、點、鉤、拉等用法
（圖2－3）。

圖2－3

第二節　舒筋活動

第一段　全身活動

第一式　呼吸運動

正身直立，兩手抱肘，拳心向上，足尖併攏，目光前
視，存視對方兩眉之中心。

由前式，拳變為掌，兩腕交叉，右掌在上，掌心向
下。

兩臂上舉，由鼻吸氣，足跟同時上提，再由口呼出，
足跟亦漸漸放下，兩臂交叉成圓形順式動作，身可前後俯
仰，膝不可屈。

此式為兩拳抱肘，拳心向上，變掌叉腰為一（如一步

在後，喊停時則不變掌，只上後步與前足併攏，兩拳抱腰為一；由拳變掌下垂，足尖離開為二）。

兩手下垂，足尖離開為二，再自動稍息。教練喊「停」！學員喊「一」、「二」（圖2－4）。

【著眼點】

口令至三，學員不出聲。其餘二動作，教練不喊口令，學員自動練習。

凡深呼吸三，緩呼吸二。呼要呼盡，吸要吸盡；呼出稍重，吸入宜輕；吸時用鼻，呼時用口。除此式外，餘均口令至四。

為鍛鍊肺葉之伸縮性，增進肺活量，吐濁納新，而促成肺細胞之新陳代謝作用也。

圖2－4

第二式　腰部運動

預備式同前。

兩拳變掌上托交叉，目上視右手中指節，口令為一。

由前式下屈為二，下閃三次，再上舉如前為三。手自上平行放下，目視右手，抱拳成預備式為四，停式同前（圖2－5）。

【著眼點】

口令至四，純熟後，可習抱腿式。

為鍛鍊腰椎與腰骨板之韌力。所以通達上肢下肢之氣血，促進循環，兼令腿後肌之伸長發展也。

第三式　全身運動

預備式同前。

圖2－5

抱肘上左步為一。

兩拳漸漸變掌上伸，再向前下方抓回抱肘為二，如此一次為三為四，至「一」換步，逢四為一節，可以連續習之。「回身數」，上後步為一。停式按前括弧注文（圖2－6）。

【著眼點】

口令至四。先為原式練習，純熟後，再為自由式練習。

原式練習，為兩足不動，兩膝可以前後自由屈伸。自由式練習，為兩膝可以自由屈伸外，兩足亦可自由起落；但在第一節喊二時，須收回前足半步，再落前足抓回為二。

所以，鍛鍊全身骨骼與肌肉平均發展，促進各官能之健強運用也。

圖2－6

圖2-7

第四式　腿部運動

預備式同前。

上左步穿左手為一。

上右步穿右手為二。

上踢左腿，右手收回抱肘為三。

左腿下落為四。

如此交互習之，停式按前括弧注文（圖2-7）。

【著眼點】

口令至四。腳落下為四。

為鍛鍊大腿骨關節之向上與腿後肌之延伸也。以上各式，均習一節。

【複　習】

國人能熟習此一段技術，即可作為終身鍛鍊體格之基本運動。

第五式　摔膀運動

預備式同前。

上左步左手叉腰，右手下垂為一。

右膀由下而上成圓形轉之，一周為一次，至二、三、四，為順轉一節。再反轉至四為逆轉一節。再上右步，右手叉腰，左手下垂為一。如此交互習之，停式按括弧注文（圖2-8）。

【著眼點】

口令至四，順逆各一節。為鍛鍊肩胛骨之靈活與膀上三角肌、二頭肌、三頭肌，各肌肉之圓形發展也。

第六式　披膀運動

預備式同前。

橫開左腳，兩手下垂為一。

兩膀交叉後披，右膀先上，再下，交互習之，每一次為一口令，至四為一節，共習二節。停時收左足為一，手放下足尖離開為二（圖2-9）。

【著眼點】

口令至四。交互各一節，右手先在上，先成原式（固定）；熟後，再成自由式（不固定）。

為鍛鍊肩胛骨韌帶之橫向引力及闊背肌強健發展也。

圖2-8

圖2-9

第二段　拳、掌運動

第一式　練拳運動

預備式同前。

上左步，右手叉腰，左拳抱肘為一。

左拳平行擊出收回為二，如此至四為一節，再複習為一節。然後上右步左手叉腰，右拳抱肘。按法習之，停式按括弧注文（圖2－10）。

【著眼點】

口令至四，複習一節。

擊出時，膝可前傾；收回時，膝可後坐。先為空拳，出時始捏實。出時成拳，回時抓回。出時陰拳，回時拳心向上。為鍛鍊兩膀肌肉之縱長引力也。

圖2－10

第二式　練掌運動

預備式同前。

橫開左腳，兩手抱肘為一。

先以右掌向左推為二。再以左掌向右推為三，如前為四。

向左推，再向右推，如此習二節。

再成川字步之半馬襠式，先以左掌向前推，再以右掌向前推，亦二節，停式同前（圖2－11）。

圖2－11

【著眼點】

口令至四，複習一節。以虎爪掌推出，推出均在一點上。為鍛鍊兩膀肌肉平行引力也。

以上各式均習二節。

【複習】

國人能更習此第二段技術，則於習武術之基本動作上，可無遺憾。

第三章　應用技術

　　應用技術，即技擊武術上之應用，所謂散打者是，凡具「騰閃剌絫，虛實巧打」八字要素者，是為技擊武術。易學切用，為習武術者最後之成功。亦即中國之搏擊運動，為採武術應用上之精華所編成。

　　下文著眼點內所謂「交互習之」者，係左手或左腿習畢再習右手或右腿之意。

　　所謂「連環習之」者，係指僅習右手或右腿而言，是即打訣。名式如下。

第一節　技擊法

第一式　插打法

預備式同前。左腳心外向扁出；抓左手，右拳抱肘。

上右步，由上下按右拳，左拳抱肘；弓箭步。

左拳自右腕上打出，右拳複置左腋下。

兩拳前後拉開，左拳在左眉梢上，右拳眼向上，成馬襠。

【著眼點】

口令至四。先係左腳心外向扁出，左手成擒式為一。

47

一節習畢後,再上右步。回身時,上後步,且反擒為一。如前法交互習之。

　　總以意守丹田,呼吸用鼻;手以手肘打伸,腿以膝骨踢伸為度。則始合自然之境。

　　其變式如圖3－1。

第二式　車輪禦敵法

　　上左步,成虎爪掌。出左手為口令一。

　　再上右步,右掌由裡向外翻出如車輪形,為口令二。如此至三至四(圖3－2)。

【著眼點】

　　口令至四。

　　成虎爪掌之抱背手。交互習之,「回身數」、「停」均同前。

圖3－1　　　　　　　　　　圖3－2

第三式　連環進擊法

先上左步擊左拳為口令一。再擊右拳為二，交互至三至四（圖3－3）。

【著眼點】

口令至四，先上左步，擊左拳為一。勿用蠻力，要鬆要伸，交互習之。

第四式　踩腿截擊法

如前法習畢一節，今如左拳左腿在前，即扁踩右腿，右拳收回為口令一。後落右步，打右拳收左拳為二；打左拳為三；打右拳為四（圖3－4）。

圖3－3

圖3－4

圖3－5

【著眼點】

口令至四。如右法習畢一節後，即習踩腿法一節，如此交互習之。

第五式　白蛇吐信腿法

上左步出左手為口令一，左手成鬼頭指。

右手成劍訣穿出，左手成拳，收回至左眉梢；身左擰，踢右腿。

向左回身，右拳在右眉梢；左拳前出，勁在後，兩拳成五雷訣（圖3－5）。

【著眼點】

口令至四。均習右腿，連環習之。複習。

第六式　迎門三不顧腿法

上左步出左手為口令一。左手成鬼頭指。

收左手，扁踩右腿為二。

落右步，上左步，打左拳為三。

打右拳成馬襠，收回右拳為四（圖3－6）。

圖3－6

圖3-7

【著眼點】

口令至四。上左步出左手為一。前輕後重，成鬼頭指。習完為馬襠，均練右腿。連環習之。

第七式　捆腿摔打法

上左步出左手為口令一。

穿右手，捆右腿，左手收回抱肘為二。

摔右掌成三。

右手撤回，翻出左手為四。均成虎爪掌之車輪禦敵法姿勢（圖3-7）。

【著眼點】

口令至四。凡起式均用鬼頭指；勁在後腿，交互習之。

第八式　鉤掛連環腿法

上左步，出左手為口令一。

穿右手，捆右腿，左手收回抱肘為二。

回併右腿為三。

左向回身，兩手成五雷訣，右上左下，勁在右腳為四（圖3-8）。

圖3-8

51

圖3-9

【著眼點】

口令至四。回身時成半坐式。兩手為五雷訣，一上一下，均習右腿，連環習之。

第九式　披身劈打法

上左步，橫捋左手為口令一。

橫擊右拳，左手扶右腕上為二。

橫併右腿為三。

倒左步，左向擰身，橫劈右掌，左手握右腕下為四（圖3-9）。

【著眼點】

口令至四。為連劈帶打之用法，交互習之。

第十式　退步制勝法

上左步出左手為口令一。

退左步，左拳置左肩頭，右拳由上打下為二。再上右步出右手為三。退右步左拳由上打下為四（圖3-10）。

【著眼點】

口令至四。均前輕後重，勁在後。交互習之，複習。

第十一式　斬切掌法

開左步，下插左掌，右掌在左肩上為口令一。

上左步跟右步，左手同時舉起再斬下為二。如此至四，再上右步下插右掌為一（圖3-11）。

圖3－10　　　　　　　　圖3－11

【著眼點】

口令至四。上左步下插左掌為一，一節習畢，再習右掌，則右步上前，交互習之。

第十二式　轉環錘法

上左步出左手為一。

如搬打式，右手壓左手，即抽回左手成輪狀打下，右手托於左腕下為二。再搬出左手為三。再如此式為四，然後換右手習之（圖3－12）。

【著眼點】

口令至四。先上左步出左手為

圖3－12

53

一，每一搬打一托手，逢四換手，交互習之。

第十三式　吞吐奇擊法

由預備式退右步微收左步為一。均成虎爪掌。

左掌下按，右手用鳳點頭自左腕上平行擊出為二。再如上圖為三；再如此圖為四，然後換右步習之（圖3－13）。

【著眼點】

口令至四。退右步則左步在前，後吞左掌下壓為一，逢四換手，交互習之。

第十四式　車閃法

倒退右步穿右手裡拍左手為一，如此至四，再換左手習之（圖3－14）。

圖3－13

圖3－14

【著眼點】

口令至四。倒退右步則左步在前，左掌向右橫拍為一，逢四換手。所以習原地之轉法，其重點圓心力均在前腳掌，交互習之。

第十五式　游擊法

側上左步橫拍左手為一。再側上右步橫拍右手為二。再如前為三；再如此為四（圖3－15）。

圖3－15

【著眼點】

口令至四，為習左右逢源之穿勁，見隙即進，腳不停留，亦無固定方向，是名游擊法，為打法之最上乘。交互習之。複習！

【注　意】

可著皮或布面內為絲綿夾髮或棕之手套、背心、護腿（棉的）、膠鞋或布底鞋。如不著一切護具時，則禁止挖眼、扼喉、踢下陰，著護具則禁踢下陰一處。手腿均用，不拘地位，是為中國之搏擊。

第二節　秘傳八法

這是技術有成後所練的拳法，在昔日所謂「不傳之

秘」，而且也不為一般老師傅們所通悉。這功夫屬於羅漢
神打，即羅漢十八拳。他們知道應敵，不出手與腿的聯合
應用和腰軸的靈轉自如，遂把拳、腿應用方法，編為連續
應用方式，而成其為外八錘、內八錘，外八腿與內八腿，
加上起式收式，故各為十八數。

後人附會，稱達摩所傳。實則達摩並非武術家也。內
外八腿，即羅漢十八腿，所謂羅漢神打者是也。

外八錘用於技擊上之進攻，內八錘用於貼身上的靠
打。外八腿為少林常用的腿法，內八腿為內家用腿方式。
練久了，熟則生巧，自然融會貫通，周行一氣。拆用可，
直用亦可；神而明之，存乎其人。

天下事，就是一個「竅」字，竅字等於保險櫃的一
把鑰匙，一公開了，也沒什麼了得；問題在於那位「知
者」，不願公開而已。茲圖解
於下。

第一段　明八打

一、摟

先併步，再上左步，由下
向上摟打左拳（圖3－16）。

圖3－16

二、打

上右步，由上向下打右拳。由此下三式，亦可退右步習之（圖3-17）。

圖3-17

三、騰

退右步，向左騰起，用右拳橫向擊出（圖3-18）。

圖3-18

萬籟聲 技擊教範

四、封

上右步，兩掌推出（圖
3－19）。

圖3－19

五、踢

左腳直形踢出（圖3－
20）。

圖3－20

六、彈

右腳橫向踢出（圖 3 －
21）。

圖 3 － 21

七、掃

上左步，向右掃出（圖
3 － 22）。

圖 3 － 22

圖 3－23

八、掛

右回身，右腳跟向上掛出（圖 3－23）。

圖 3－24

第二段　暗八打

一、推

先並步，開右步，兩掌出（圖 3－24）。

圖3－25

二、拖

退右步，右手拖出（圖3－25）。

圖3－26

三、按

退左步，兩掌下按（圖3－26）。

圖3－27

四、拿

退右步，兩掌下拿（圖3－27）。

圖3－28

五、扳

上右步，右掌握而扳之（圖3－28）。

圖3－29

六、搖

上左步，兩掌握而搖之（圖3－29）。

七、肘

上右步，橫肘打出（圖3－30）。

圖3－30

圖3-31

八、靠

上左步，左肩靠打（圖
3-31）。

圖3-32

第三段　外八錘

預備開式。

一、順步錘

抱肘並立，目前視，氣下
沉；橫開右步打右錘，為「填
空不應響」的秘傳，錘心向
下（圓者名拳，方者名錘，亦
通用）（圖3-32）。

二、拗步錘

先動右步，腳心外向；
翻壓右錘，則錘心向上；仰
打左錘，亦是錘心向上，擊
對方胸部（圖3－33）。

圖3－33

三、力擰錘

上右步，右手成雞心
錘，向裡擰勁，擊對方左肋
下，左拳抱肘（圖3－34）。

圖3－34

圖 3－35

四、翻身錘

上右步，左錘橫出，擊對方右腰部，錘心向下，是使對方翻身，不是自己翻身（圖3－35）。

圖 3－36

五、提攔錘

上右步，屈肘掛右錘，是自顧的進法，錘心向裡，掛對方左拳（圖3－36）。

六、撩腹錘

上左步，左錘由下向上撩其小腹部（圖3—37）。

圖3—37

七、流星錘

上右步，右錘橫擊對方頭部左側（圖3—38）。

圖3—38

圖3-39

八、分胸錘

上左步，橫擊對方胸部，同時轉身，收右腳，右錘抱肘，左錘上挑。循環習之，換方亦然（圖3-39）。

加上下合掌收式。

圖3-40

第四段　內八錘

加撈拳起式。

一、頭

即頭打，要閉口緊齒，兩錘抱肘；上左步，橫向用頭之左側方碰出，擊對方頭部（圖3-40）。

二、肩

均如上式，上右步，右肩頭碰出，靠對方肩部（圖3－41）。

圖3－41

三、胯

上左步，左胯部打出，擊對方胯部（圖3－42）。

圖3－42

圖3-43

四、腳

右轉身，蹬右腳，擊對方下腹部（圖3-43）。

【註】

此圖為倒過來練者，故踢的是左腳。

圖3-44

五、拳

右轉身上左步，左拳打出，拳心向下（*此處，由錘改拳了，原是通用之故*），擊對方胸部（圖3-44）。

六、肘

上右步，右肘打出，左手
扶右腕；擊對方胸前（圖3－
45）。

圖3－45

七、靠

上左步，左肩靠打，靠其
手肘（圖3－46）。

【註】

此圖係倒過來練者，故踢
的是右腳。

圖3－46

71

圖3－47

八、坐

上右步，兩錘抱肘，下坐。

對方有力者將你舉起時，用此法即解（圖3－47）。

加抱拳收式。

圖3－48

第五段　外八腿

加虎爪掌起式。

一、踔腿

有如粘勁，但勁是向下點的暗勁。現以左腳起式，兩拳抱肘，左腳尖踔出（圖3－48）。

【註】

粘、踔對方迎門骨。

二、截腿

有如踩式，但用的是橫截之勁，可是直膝而出，用右腳，上右步，截對方腿骨（圖3-49）。

圖3-49

三、倒掃腿

落右步，上左步，掃右腿，是倒掃腿，手可扶地，面向前方，右腿在後，掃對方踝下（圖3-50）。

圖3-50

73

四、鉤掛連環腿

上步，右腿捆，空了；即向裡繞一圈，再踢出去，在對方之後腿內，低些（圖3－51）。

圖3－51

五、窩心腿

落右步，起左腿的窩心腳（圖3－52）。

【註】

圖係「朝天腿」應為左腿踢擊對方「心窩」。

圖3－52

六、跺子腿

起右腿橫向踢出，回身右
腳落後，左腳在前，有如「白
蛇吐信」姿勢，亦是橫踢其胸
部（圖3－53）。

圖3－53

七、翻天腿

起右腳如內撇式，但踢
得高，腳心向裡，可打耳門
（圖3－54）。

【註】

此圖係倒過來練者，故踢
的是左腳。

圖3－54

圖3－55

八、化腿截腿

落右步，左腿高，落空；向裡收回，接著向外一腿，腳心向裡；在對方之胸部高些；轉身過來，左腳在後（圖3－55）。

【註】

圖為此腿之起式。

圖3－56

第六段　內八腿

加抱背手起式。

一、迎門腿

起右腳，如粘法，勁在右腳尖，踢其迎門骨（圖3－56）。

【註】

此圖係倒過來練者，故踢的是左腳。

二、順捆腿

是用左步的正面捆腿，捆對方前踝後方（圖3－57）。

【註】

圖為此腿之起式。

圖3－57

三、倒鉤腿

右回身，倒鉤右腿，勁在右腳跟，右腳落後，倒鉤其小腹部（圖3－58）。

圖3－58

圖3-59

四、正踩腿

回過身來，右腳心外向踩出，踩對方迎門骨（圖3-59）。

圖3-60

五、內撇腿

左腳心裡向，高腿裡撇，可奪人之長兵器，擊其腕者（圖3-60）。

【註】

此圖為倒過來練者，故踢的是右腳。

六、外撇腿

落左步上右步，
腳心外向撇出，可
擊人肩背部（圖3－
61）。

圖3－61

七、回身腿

上左步捆腿，右
回身，橫右腿拋出，
擊其腰部（圖3－
62）。

圖3－62

圖3-63

八、絞絲腿

上左步，裡向繞圈，再踢出；勁在左腳尖，後落左步，可奪人短兵器（圖3-63）。

第三節　搏擊法

右方甲為學員，左方乙為教練，乙支架甲練習之。支架者用車輪禦敵法；學員退回，亦同此法（所有甲乙均同此方位）。

第一段　套六錘法

套六錘法，為習二人對擊之技術，所以習身手之架格閃躲也。

一發六錘，是為攻擊；一接六手，是為防禦。有攻有守，交互練習，簡而應用，便於初學。本拳術原為練習對擊之技術，故口令超出四數之外。各式於下：

甲向上側擊右錘（一）

甲擊右錘，為擊乙之左肺部上，乙以右掌向上掛開之（圖3－64）。

【著眼點】

先將學員分為二列，其面相對，間隔距離各一步，口令至六，預備式仍舊。喊「開式」時，抱肘兩足跳開，成馬襠。停時，兩足跳起併攏為一，兩手下垂，足尖離開為二。一發六錘，先出右錘。防禦者，只最後一手用錘，餘均用掌。此式乙只稍向右閃，即可躲過錘鋒。

甲向上側擊左錘（二）

甲擊左錘，為擊乙之右胸部，乙以右掌向上掛開之（圖3－65）。

圖3－64

81

【著眼點】

防禦者只稍向左閃，即可躲過錘鋒。

甲向下側擊右錘（三）

甲下擊乙之左側腹部，乙以左掌下切格開之。

【著眼點】

防禦者只稍向右閃，即可躲過錘鋒（如圖3－65）。

甲向下側擊左錘（四）

甲下擊乙之右側腹部，乙以左掌下切格開之（圖3－66）。

【著眼點】

防禦者只稍向左閃，即可躲過錘鋒。

圖3－65

甲上擊右錘（五）

甲右錘上擊乙之面部正中，乙以左掌由外向裡一彈之力，將甲錘格開；其勁在腕，掌心向面（如圖3－66）。

【著眼點】

防禦者只稍向左後閃開，即可躲過錘鋒。

甲下擊左錘（六）

甲左錘下擊乙之小腹正中，乙以右錘向上帶開，同時回擊甲之右側胸部。而甲亦按乙之防禦方法，以左掌由裡向上帶開。如此週而復始，互相襲套，故曰套六錘（如圖3－66）。

【著眼點】

防禦者只稍向右側身，即可躲過錘鋒。

圖3－66

第二段　擒拿法

單手為擒，雙手為拿，一審字之構成，即知其義矣。在武術自衛上，不全在進擊，有時為人所擒拿，即應有法解脫之。

如專習此道者，「講拿不講打，講打不講拿」，意謂以方法破擒拿，不以打法破擒拿；以打法破擒拿，即不成其為擒拿法矣。所謂以方法破擒拿，則有以下之數種，按圖義旨細繹之，不難一索而得。其圖如下。

一手擒法（一）

甲右手執乙左腕為一；乙上左步用下伸之勁為二即脫；再乙執甲為三為四（對手為俞國進）（圖3－67）。

圖3－67

一手擒法（二）

甲以右手執乙右手腕為一；乙上左步，左手扶甲手上，右手同時向上一翻為二；再乙執甲為三為四（圖3－68）。

【著眼點】

前法為下伸解脫之法，後法為翻勁解脫之法，且傷對方手腕也。

兩手拿法（一）

甲雙手執乙右腕為一（圖3－69）；乙下伸上翻為二；再乙執甲為三為四（圖3－70）。

圖3－68

萬籟聲 技擊教範

【著眼點】

此法為用全身重量集中一點，下伸裡翻以解脫之法
也。

圖3－69

圖3－70

抓領解法

甲抓乙領為一；乙上左步以右掌仰按甲手背為二；再頭向前傾為三；甲放手為四。然後乙抓甲領習之（圖3－71）。

【著眼點】

此為探身暗勁解法，當知不用笨勁之妙。

抱身解法

甲自後抱乙為一；乙以右回身肘退右步頓出為二；再換乙抱甲為三為四。

【著眼點】

甲自後抱乙，乙用回身肘；甲自前抱乙，乙用挑心肘，或用膝頂，或用胯打，均無不可。雖含打意，但只將肘橫出，對方即不能抱，故不目之為打。

圖3－71

抱腿解法

甲抱乙右腿為口令一；乙上抬右膝為二；再乙抱甲為三為四。

【著眼點】

甲抱乙腿，乙抬右（左）膝即脫，乃擊傷甲之下頜也。其他例推，不備載。

第三段　摔　跤

摔跤可以練氣力，又可習被擒時之摔打。但言明摔跤者則不可打，所謂「講打不講摔，講摔不講打」。中國人摔跤雖鬥力，而實鬥智；外國人摔跤雖似鬥智而實鬥力。故中國人以將對方跌下為勝；外國人以按下對方不能再起為勝，從可知矣。

摔跤與應用技術之搏擊，有因果關係，不可不注意。分「刁拿鎮扣速小綿軟巧，閃轉騰挪分筋錯骨點穴離位」等手法，「鉤掛連環倚碰擠靠，貓穿狗閃兔滾鷹翻」等身法。角時分上下把，以孰仆下為勝負，多以三跤兩勝者為勝。茲略釋其重要之五法於下，其餘之硬抱、硬摔、硬拉等等方法尚多，不備述矣。

預備式

相對敬禮後，即兩手提褡褳衣之兩襟，各成圓形溜腿，走至左足在前，再右足一回，成馬襠式，即是預備式（圖3−72）。

上下把

二人交握肩頭或膀腰，或上抓頷，下抓腰（圖3－73）。

圖3－72

圖3－73

大背胯

一為乙上右步於甲右足外；二為背起；三為摔出；四為甲被摔出之抱頭式，乙則兩拳叉腰。勿過用力，亦係意守腹下。停時，立正抱肘為一；拳放下，足尖離開為二；再自動稍息。

各式均可先習空手，再習二人對摔之式。每跤後，均作圓形遛腿，再摔同前（圖3-74）。

大變臉

預備式同前。乙以右足橫鉤甲之襠內為一，足尖向上；甲必以左手抱乙小腿，乙即撤右腿於甲之右腿外為二；一個大變臉（**向左翻身，眼向後看**）為三，即將乙摔出；收式同前為四。停式亦同（圖3-75）。

圖3-74

圖3-75

虛實絆

預備式同前。乙以右足（或左）碰甲之左足（或右）為一；甲一動搖，即向左方（右）以左足絆之為二；同時向左側後方一拉即倒為三；收式同前為四。停式同前（圖3－76）。

拭　脖

預備式同前。乙左步稍前，左手按甲右肘上為一；同時以右手回拭甲脖並同時右腿絆甲右腿為二；落右步，右手按甲左肘上為三；同時以左手回拭甲脖並左腿絆甲左腿為四。停式同前。

此式不抓扯，見手即摔（圖3－77）。

圖3－76

圖3－77

單抱腿

預備式同前。乙右手上，左手下。乙先退右步向懷裡一帶為一；再上右步左手搬甲右腳跟為二；右手橫推甲脖，同時上左步為三；再上右步，向前一送為四。停式同前（何手在下，何手抱腿）。

附

所謂硬抱，即是一交手，兩手硬抱其腰提起前壓之。所謂硬摔，即如此式向兩側之所謂硬拉，或後退硬拉之（圖3－78）。

圖3－78

第四段　奪白刃法

空手奪白刃，在武術中亦是多不勝數。奪刀奪槍，奪矛接鏢，均不外腿手兼用，閃躲巧避上著眼，總在不擊中本身為原則，接奪其次也。

大凡敵人器械擊我，須俟擊出之頃，用擒手奪擊之始有效力，不然無濟。今日有手槍、步槍火力之接奪，意義同此。茲略釋數種於下。

翻天印

甲以大刀劈乙，乙以右腿裡擊甲之刀把手指，刀即踢飛；即落右腳以右拳反擊甲之右耳。此一法也（圖3－79）。

圖3－79

擒 手

擒手，即是內圈手，手自懷裡外翻下抓而接他人飛鏢之器械者。

今如甲以棍擊乙，乙向左（右）閃，以右（左）擒手接乙之棍，當握其棍之上部，始不致擊傷，其力向下也。接握其棍，即上步以左手加握其棍，雙手一奪，同時上前向其腹部一腿，棍即奪來矣。此一法也（奪步槍同此）。

如接飛矢或飛鏢等，須用順手平握之擒法，上法不適用（圖3-80）。

圖3-80

雙 解

甲以手槍或匕首刺乙，乙可旁閃，以右擒手上握甲腕，即上步以左手扳甲右拇指而向外翻之，右手再倒翻其柄，同時用力，下按即脫。此一法也。由此三法中細悟之，可得全豹矣（圖3-81）。

第四節　自行運動

自行運動，為授各種技術後之自行活動，所以調劑運動興趣與全部教程發生聯繫作用而更簡便適用之謂也。口令則直呼其名即可。

圖3-81

第一式　擦　掌

兩掌相合，上下摩擦之，約24次左右，自生熱力，亦即本身之電氣。先以右掌擦左掌背，再以左掌擦右掌背，然後如以皂洗手然，兩手互相轉擦之。冬季亦可「按耳」、「擦面」。為改正手指關節之運動，以免形成僵直和職業之病也（圖3－82）。

第二式　轉　腕

兩掌成鈎式，腕背相對，由外向裡順轉三次，再由裡向外逆轉三次，以腕與腕之相連為原則。然後右掌握左腕，左腕同時外向轉之；反之左手握右腕，右腕同時外向轉之；亦三次。

為練腕骨之圓轉靈活也（圖3－83）。

圖3－82

圖3－83

第三式　腿臂自行運動

成立正姿勢，兩腕交叉，右腕在左腕上，兩臂由下向上分時，兩膝同時直立。下屈如下圖。

兩臂再向上分時，兩膝同時直立，如此週而復始，亦三次。為練腿臂合節拍之運動也（圖3-84）。

第四式　原地跑

兩拳抱肘，先左足稍前，有如跑步姿勢。注意兩肘之用力，前後振動之。三次後，再換右步在前，如此交互習之，牙咬緊，頭頂勁，但勿下視。

按下邊照片起式，抱肘屈膝，兩臂如跑步運動之（圖3-85）。

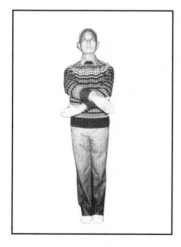 

圖3-84　　　　　　　　圖3-85

第五式　原地跳

身直立，兩足併攏，兩手下垂，復兩臂後向反引，兩膝稍屈；再兩臂上張，同時躍起，腳尖向下伸直，頭部亦後仰，成反弓形。再兩臂下復，兩膝同時下屈，兩臂向後引伸，如此亦三次。在躍起時，抱肘收式。

此功習之既久，可令體腔各部堅實與肺活量之擴大，更矯正腰椎之俯屈以及腿部之僵直（圖3－86）。

圖3－86

第四章 暗 器

暗器即是我國之投擲運動，有如歐西體育之擲鐵球、鐵餅、標槍然也。但鐵球、鐵餅之用於正式作戰為不可能，僅能作為體育，且只練遠，不究準確。而我之弓箭、飛石則除作為鍛鍊身體、磨礪意志外，遠準精確，在所必究。且對於游擊作戰之候，山林川澤一時接濟不上之時，未嘗不可屈竹為弓，積石作彈，亦可使敵人死於百步之內，流血百步之外。誠為身任游擊隊員經驗之談，非虛語也。且平日如有弓箭擊石素養者，則持槍射擊與投擲手榴彈不難矣。所有暗器發出，均自耳前眼後三厘七分處成一直線平行擊出為原則，進退不出三步之外。用摔勁，意存小腹，不在用暴力，乃在手臂之運動圓轉舒展也。

實則此等一切運動，並無時間性，即抗建完成，世界大同，亦未始不可練習，以為鍛鍊身體與維持世界治安用也。不然，臨陣磨槍，庸有濟乎。清朝重文輕武，事發倉促，無以為應，致遭百年來之奇恥大辱，非前車之鑒否。茲撮圖釋之於下。

彈 弓

古者先有彈弓而後有弓箭，彈弓之彈，以泥丸、鉛丸、鐵丸為之，均無不可；弓為竹胎，內為牛角，外裱牛

筋，與弓箭之弓，此為稍短，兩端亦稍短。由索弦易一竹弦之圓窩而已。初習可以泥作，以搓板團之為佳。開弓之式，可成丁字步或斜川字步，彈出時，左手向外一坐即出。練習時，前樹一靶，如圓盆形之棉袋，外以布套之，或立木人等等，均無不可。夜間練打香頭，用心準，發出時，勿出氣，出氣恒低，吸氣恒高（圖4-1）。

射 箭

射箭之弓與開弓法，已如前述。箭之前端，在左大指上，名鴨子嘴，成川字立式側身射之，一放手即行射出。有右大指著搬子者，即以搬子鉤弦，一鬆即發出矣。可立草人用靶習之，均係由近而遠，不出百步之外有準。無鏃時，斬小竹木作矢，俟敵近時發之有效。如教團體，口令均可自編。似握弓抽矢為一，舉起加矢為二，開弓為三，發出為四，收弓為停是也（圖4-2）。

圖4-1   圖4-2

100

鏢　刀

鏢刀為三輪形之刀，不能握接，便而易攜，較一切暗器為銳利。擊時摔出，用勁同前。

練習時，前樹二三寸厚之木板為人，以為鏢靶，自靶前劃一直線，初以五步為限，五步外劃一橫線，此橫線向後再三步處，再劃一橫線，習者不出此一橫線之外，大、食二指捏刀刃，先右步在後，再上右步，開左步擲出，意存刀走地面直線之上，即漸準矣（圖4－3）。

飛蝗石

謂石之接連擲出，有如飛蝗，故曰飛蝗石也。石如雞卵，河邊大石最佳，但亦不拘，方圓均可，練法同上。習純熟者可以代替手榴彈，為最緊要之暗器（圖4－4）。

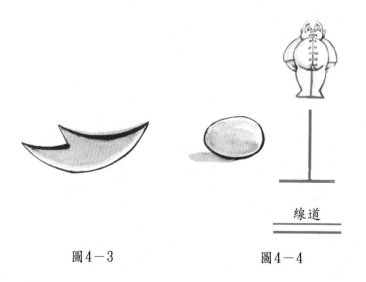

線道

圖4－3　　　　　　　　圖4－4

羅漢錢

羅漢錢為有孔或無孔之硬幣，磨其邊使銳利，以大、食二指捏而摔出之，其法同鏢刀，又可以純鋼如式做之更佳，立板人為靶以習之。

下為昔日有孔之錢，今以硬幣代之均可，特製鋼錢者亦無不可。習法同鏢刀（圖4-5）。

圖4-5

第五章　基　功

木　人

　　武術基功，即我國之器械體操，有如歐西之木馬雙槓、單槓等也。今日將器械運動包括一切實有不妥。運動之範圍大，體操之範圍小，故余有如是之疑。

　　木人以有彈性之硬木為之，合市尺高約八尺，直徑五寸，埋下三尺，上留五尺。自下向上四尺處穿一孔，直徑一寸三分，以直徑一寸二分之橫木有圓頭者貫之，是如人手，捋之踢之，以習基本體力也。

　　所有刀、劍、槍、棍各科基本練習，均可於木人上練習之，為最緊要之基功（圖5－1）。

　　將木人面、腿、腰各部釘帆布包。凡此等基功，所有應用技術上之動作，均可於木人等等上練習之，口令亦同。

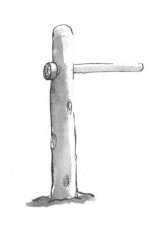

圖5－1

沙　袋

　　沙袋成一習慣之名詞，實

則可以不必盛沙，可盛木屑、鋸末（以硬木之屑為佳），重十餘斤至二三十斤為恒。若重百餘斤者，則為另立一具，專為習力，實以穀殼均可，此為習拳上之基本巧力也。

袋以雙層帆布做之；無帆布則以白布四層車成如長方形者為之。直徑七寸五分，高二尺五寸，口束麻繩，做木架懸之可用。均忌用暴力，舒筋後習之（圖5−2）。

懸　錢

懸錢為習目力與聽風之功者，以小段竹筒附紅布小條習之亦可。

此乃以有孔銅錢二枚，下角以線縛牢，上角以粗絲線懸之高與目齊，推出自眼前飛過，再背身以聽其風。復視聲至眼球時，矮身躲過，亦可習閃躲也（圖5−3）。

圖5−2

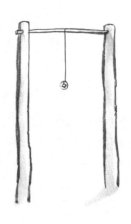

圖5−3

刀 靶

刀靶有如木人，但勿以布裹某部分，凡五刀，先右上，再左下，右下，左上，中刺之五刀（圖5－4）。

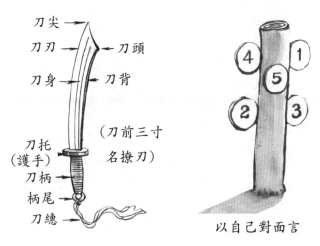

刀尖

刀刃 —— 刀頭

刀身 —— 刀背

（刀前三寸
名撩刀）

刀托
（護手）

刀柄 ——

柄尾

刀繐

以自己對面言

圖5－4

劍 靶

可以圓木一根作劍靶，刻以頭腰各部，以習「崩、點、刺、紮」也。木之直徑五寸，高如前之木人，大小無妨。

前之劈刀，亦可于此上習之。有一木人均可作用。又可距離十米立二木人，以習對擊之功尤佳。如圖上數字之練習，即為習陽陰劍之基本。

1陽2陰，3陽4陽是也（圖5－5）。

槍　靶

可如劍靶做之，只咽喉與心部鑿一圓窩，專刺此二處
為恒（圖5－6）。

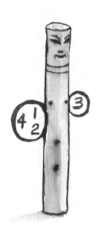

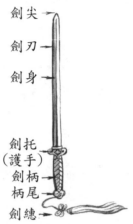

劍尖
劍刃
劍身
劍托
（護手）
劍柄
柄尾
劍繐

圖5－5

圖5－6

沙　包

沙包之做法有二：一為長一尺寬五寸之布袋，中盛細沙或鐵砂三斤至五斤，數人拋之以習臂指力者。

一為直徑四寸之圓形鐵砂包，縫之如鼓，專習指掌之勁力者。兩者均可適用（圖5−7）。

虎口棒

虎口棒長四寸五分，直徑一寸八分，兩端稍圓，專習虎口之勁，故名虎口棒。於車匠店用棗木或檀木為之。

即用兩手捏按之，一手拋捏之，均無不可，意在虎口而已。但亦練指力，為習拿穴拍點之基本（圖5−8）。

竹　刷

竹刷為竹筷所做成，如用飧之竹筷，粗倍之，全成圓形，長一尺四寸，13根至18根為大小標準。中以線麻索縛之，寬約二寸，以習兩手握力與刷全身之筋骨。最好先習內功之總訣方法十數次，然後 遍刷全身。

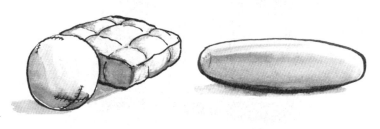

圖5−7　　　　　　　圖5−8

此功可代表達摩內功及一切冷活氣功，每晨舒筋後習之，一年後，身如鐵石。

自鼻緩緩吸氣，兩手同時上托，再稍急用鼻出氣，兩手同時下壓，如此十次，成馬襠。

以右手執一端以刷左手，自指端直達肩窩，再擊左腿，由上而下，四周反覆，易手習之。自頸至背，均須刷到，由輕而重，適宜為度（圖5－9）。

比鱗皮

比鱗皮為一對竹板之器械，謂習此功後，指皮如鱗也。為長三尺寬二寸厚一二分之兩片竹板所合成，青竹面向外。距兩端寸五分處鑿長方形四孔，貫以牛弦，以兩手指向外分開之，習指臂之力，較習鋼簧者為尤佳。均須意存丹田，馬襠緩緩習之，初習者不必過厚（如欲硬，可用雙層竹片，內層稍短）（圖5－10）。

圖5－9

108

千斤柱

千斤柱為有如木人之柱，但以大南竹為之更佳。功成似有千斤之力，擲人於尋丈外，故名。

自地面向上四尺處，鑿縱列二孔，其下五寸處亦如之，以牛筋為索，以檀木為小棒橫繫之，以習頓帶之勁，為習角力與摔跤之基本功夫。上所述者，均昔人之秘傳也（圖5－11）。

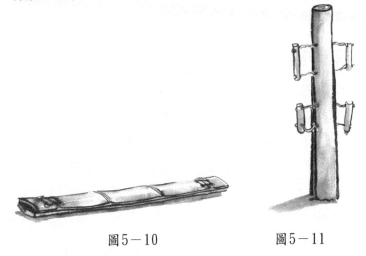

圖5－10　　　　圖5－11

三角椿

三角椿為釘成三角形之木椿，長二尺五寸，直徑一寸三分之木橛。釘下尺五，順地面向上，縛稻草夾麻之粗繩，以習捆腿之勁力也。

以左右腿左右橫向掃踢之，按前應用技術之捆腿摔打

法于此上習之可也（圖5－12）。

九星躲閃樁

本功夫為習跑閃之功，所以練習身法之活躍，為於多人圍擊時，從容閃躲而出也。平時尤須令人襲擊，以為實地練習更佳。樁為九根，直徑一寸，高六尺，埋二尺，用應用技術中之游擊法練習之。

自此數字順次穿閃之，由順而逆，由逆而順。有如飛燕穿林，則功成矣；亦係用游擊法練習之（圖5－13）。

石　擔

石擔在北方，名雙石會，有畢生專致力乎此者。習此功夫，固可以練習基本氣力，但如不意守丹田，由漸而進，而復不保重身體，則大有傷氣致疾之虞。

習功之前，應活動身手，由40斤者緩緩練習，三月一加20斤，總以不吃力而自然舉起為原則，亦勿為時期所限，能至若干重即至若干重，不可好勝求速。須知只要

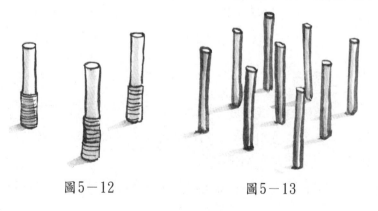

圖5－12　　　　　圖5－13

110

練習以恒，即是功夫。

石擔之用，不過百斤，最為適宜，過重即為專習大力士，反為肌肉發育笨重所困，難入技擊制勝之門矣。此功40歲以前身體素健者，習之為宜，或以至60斤為限，亦無不可。習法如下：

其一每頭重20斤。其二每頭重30斤。其三每頭重40斤。其四每頭重50斤。

舉起用陰手，有右陰左陽，舉起時，陽又變成陰者。可旋可提。先須舒筋活骨，然後馬襠站穩，腰椎端直，再從事於練習。

預備式為抱肘，一為馬襠，二為扶擔，三為持起，四為直舉，再發「一」時為收下，二為放下，三為馬襠抱肘，四為並步直立放手，自動稍息。如由舉高放下，須平落，不可一重一輕，則易將貫槓折斷。槓頭上閂，恐脫石危險。至於體育上之舉重，則分抓舉、挺舉等，此中不贅（圖5－14）。

圖5－14

貓 功

　　貓功為習腰部、臂部之良好功夫，雖屬徒手，但亦基功之一，爰附於此。在外人體操中，有名「扶地挺身」一式者，為兩肘上下之起落，此則由下向上成反覆之迴旋運動。又可五指立起，足尖立起習之，則勁可貫於梢端（**女子免習**）（圖5—15）。

圖5—15

鷹爪功

　　此功練法甚多，本章所述，乃不假器械而用氣功者，習時有如鳥翼，有如習靜，意守小腹（**丹田**），默念數字，日漸增加，由一分至一時之久；不習時，抓拳放下。旬日後，再加迴旋之術。即按此式習畢後，左轉七次至念一次，然後右轉七次至念一次，稍靜片刻，抓拳放下，可習頭目不眩暈之功，航空員練之尤佳。

　　腳尖併攏直立，意守腹下，兩臂平舉，目微閉，有如習靜。初習時，兩肩酸軟不能舉，久即不覺矣。

　　此等動作，仍有預備式，喊「開式」！學員聞聲，兩臂平伸可也。聞「停」！再握拳抱腰為一，手放下足尖離開為二（圖5－16）。

圖5－16

萬籟聲 技擊教範

第六章 其 他

本書雖名武術應用教本，但今以武術蔚為國際體育，當知係取固有體育內外各家之長與歐西各國之善所融合而成。惟「善」為歸，是謂「止於至善」。所有歐西適於我國情之體育運動，均在提揚之列。如籃球、乒乓、競走、跳遠、跳高、騎自行車、開汽車、划船、騎馬、射擊、游泳等等，均應練習。

下所列者，為本人認為對於民眾最緊要之數種運動；其未列者，似歐西各項體育，坊間均有專書，亦不俟余費詞矣。以屬武術範疇之外，故名「其他」，但係有助於武術之體育運動也。

武裝競走

武裝競走，即令士兵（學員）限於三分鐘至五分鐘內，將全副武裝穿好，再於跑道內做五千公尺至一萬公尺之競走。以別優劣，予以獎品，以資鼓勵，為習遊擊時之行軍也。

所謂全副武裝，即步槍、刺刀、手榴彈、擲彈筒、大刀、十字鎬或圓鍬、水壺、飯盒、乾糧袋、背包等是。跑時以腳前掌著地，走時以全腳板著地，勿用腳跟下蹬，以免傷腦（圖6-1）。

圖6－1

圖6－2

挑擔競走

挑擔競走，以50斤至80斤軍用品為限，著軍服挑擔如前法行競走比賽，以三千公尺至五千公尺為恒。

亦須平日練習，由20斤漸漸增多挑起，任何學員士兵，均須練習。其訣在挑時走好步法，而得其借浪之勁（圖6－2）。

障礙賽跑

障礙賽跑，即於操場或因山地天然險峻作障礙賽跑場所，如第一道為木板牆，二道為鐵絲網，三道為獨木，四道為水坑，五道為吊竿，六道為山坡，七道為壕塹，起點終點距障礙賽處各30公尺。

初習者，漸漸增加，或挑此七種中三四種練習之，均無不可。其他如越野賽跑、爬山競賽均可酌境實施，不備述矣（圖6-3）。

手榴彈比遠

以木做有柄手榴彈，作擲遠比賽，每月亦應於山地作真手榴彈擲遠比賽。

左手食指套環拉線時，即過右步，再開左步摔出之。一經摔出，即應伏地，俟爆炸後始可起立（圖6-4）。

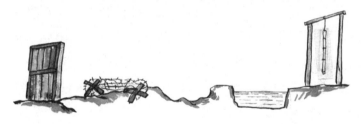

圖6-3

圖6-4

工事競賽

令士兵（學員）持圓鍬或十字鎬，即於若干分鐘內，做好預先規定之某種工事是也。如散兵坑、散兵壕。

或以三五人為一組，分組比賽，以做交通壕、內外壕、機槍陣地、炮兵陣地以及其他各種工事。視孰先行做成而復完善，既迅速又確實，始為最優勝者（圖6－5）。

夜間集合

即於夜間11時至清晨5時以內之任何時間，吹緊急集合號，聞號即起，服裝、槍支、刺刀均須著好；限於若干分鐘內（10分鐘）著畢於操場集合，不許燃燈用電筒。

以一班或一隊一排一連為單位之比賽，即先到場而復整齊者為最優勝隊。

圖6－5

計時員須備馬錶，始可正確秒數（圖6－6）。

武裝游泳

即著武裝游泳比賽，視孰先到目的地也。或比賽若干公尺，均無不可。但須平日熟習游泳，始可為此比賽。備救生艇及救生竿等。

又可作乘船遇險之練習，即選善泳者十餘人各著便服，乘小艇至江心顛覆之，然後各人自行泳起。

只著軍服全套，不帶其他器械，因最危急時，只求一人為之出險矣（圖6－7）。

圖6－6

圖6－7

騎馬射擊

即騎馬馳騁時，練習實彈射擊與騎馬射箭也。可於操場設小型環靶與草靶各一具，視射中若干環，或環或靶之中心，以別優勝，均須平日練習有素也。

實彈射擊，可有環靶；持弓射箭，可用草靶（圖6－8）。

圖6－8

自治測驗

可設一零星售品所，如點心、雜誌、報紙類，標明若干錢一份，旁置錢箱，任自行購取，不用他人管理。

視每晚結算時，錢物是否相符，以決定自治之成績與實踐道德。

此均設於一機關之內者，平日均須有優良之精神教育，始可達到。「德、智、體、美、群」五育並重，尚須

圖6-9

有明廉知恥精神，蓋即於此中實地證明之（圖6-9）。

練饑練熱練寒

練饑之道，平日以食八成飽為度，勿過飲過食，以一月之訓練，即可練成。如今日食三頓，明日食兩頓；今日食粥，明日食飯，後日食青菜，大後日食魚肉。

有時一切俱備，有時只有一餚；有時加油鹽，有時白水煮；只要清潔、熱食，除此不計。但須習靜，意守丹田，即可不懼一切矣。

至最後一週，亦可完全不食一二日，復食時，要先食粥或流質之物，勿驟食飯。

所以，作脾胃之大掃除運動與減輕物慾觀念，而更得於必要時，一、二日不飲不食，亦不成為嚴重問題；格致

121

實學，即在於此。

練熱之功，在於夏季時，有時多著衣褲於運動上跑跳，或著冬季衣服操練，或全副武裝操練，但以適可為度。於陰涼地緩緩脫衣，不可當風驟脫。

日習一次，自成習慣。為以練習暑日作戰與抵抗炎熱之準備也。

練寒之功，在於冬季，有時夾衣於操場上運動，或單衣操作，或於風雪時行動與聚餐，再緩緩加衣，不可驟然向火，不可靜止不動。

練習泥濘中行走，雪冰上滑行。冷水洗面洗足，空手禦敵奮拳。但於操作完畢後，即應洗淨回復整潔，不可濕衣穿著，久之自成習慣。

要亦均以意守丹田，存若無外界之冷暖意識為則，不然易於致疾；練熱時，尤須如此。

習　靜

習靜之道，在意守丹田，呼吸以鼻，聽其自然，不可著相。「行、住、坐、臥，不離這個」，即意不離丹田（小腹正中，實至腳板），即是習靜，亦所謂無時非靜，無時非動。

因靜時意守丹田，任氣運行，亦是功夫，此靜中之動也；動時意守丹田，雖動猶靜，此動中之靜也。如是修養，是謂之動靜既濟。

晨昏習之以時，是謂之動靜有常。早晚可於榻上略習於靜，以五分至十分鐘為宜，不在久長。大學云：「定而

後能靜，靜而後能安……」意守丹田，即定功也；定之已純，意氣消沉，即靜功也；靜則生明，明則物無差誤，自為一切事業之基本修養。

今人不明此理，以為屬於方外人之吐納，我人不必研習，且妄騖高遠，致成不治之疾，不亦謬乎。

我國素以「文武道」三者為作人修養標準，細分之即是六藝之制。道為文武之和，文武為道之數。道為人生精神上無上修養，事業之所依託。外人不明我國「道、醫、拳」三寶，此即道之本源也。

男子右足外而左足內，女子反之，成便坐式，右手輕握左手四指，兩目勿閉緊，留一線之光，腰椎端直，意守丹田，呼吸以鼻，氣任自然。以坐至萬籟皆寂，耳邊清越，遍體鬆快為功。

不坐時，先須散意，緩緩舒放手足。在坐時，如有人呼喊，勿驟應之。

所謂意守丹田，按運動生理學之解釋，為使腹部放鬆而膈呼吸得以深長，按我國內功解釋，即為返還胎息之手段，俾氣由尾閭越頭頂下降，縮肺部之直形呼吸而成為O形呼吸。

其訣則在鼻出氣時，感氣由丹田下降至尾閭上升而達頭頂；鼻吸氣時，感氣由頭頂顏面下降而復還丹田（間或習之）。

當然，正式的靜坐，是閉目凝神的。這是「行、住、坐、臥，不離這個」的訣。這個，即意存小腹是也（圖6-10）。

圖6－10

氣 功 篇

第七章 功 理

　　體育武術類的鍛鍊，因為各國歷史和習慣的不同，所以練習的種類和方式也不同。有作球類田徑運動的；有作徒手、器械體操、拳擊舉重和角力劈刺等等類型的；有作划艇滑雪、體操舞蹈及其他雜技、戲劇、遊戲等等動作的；有藉自然與物理上設備以為鍛鍊的，不勝其舉。

　　中國的武術，流傳廣泛，方法繁多，也可說是世界體育運動中 另具風格的一種，即「剛柔兼資，動靜既濟」的內外功夫，也即是氣功，也即是功夫，是體育中的珍珠。它的原理，雖說也被解釋了一部分，但在更多方面還需要根據生理解剖和神經反射的原理，再多多予以補充。因為有很多的優良傳統、優良技術，還沒有被人發現或發現了還沒有用科學理論固定下來，這有待我們繼承闡揚。現在把它綜合起來，約分為兩大類：第一類是關於動功；第二類是關於靜功。

　　有動有靜，是之謂「動靜有常」。動功中，意守小腹，是動中之靜；靜功中，氣有迴旋，是靜中之動。動中之靜，是為真動；靜中之動，是為真靜，是之謂「動靜既濟」。心為精神，身為物質；心為靈，身為肉；心身健康，是之為「矛盾的統一」。這個「統一」，正是古今中外倫理道德中所說的「養氣」、「修養」……

昔日文武分途，把動靜功夫分開，不知文武合德而契於「道」。更不知「道」，即是O（零）體，O體即是統一物，統一體；也即是「一分為二」的「一」。中外哲人、大學者、大政治家，都知道O是數之最大者，有無窮的力量，只是不知文有文功，武有武功，而又如何統一起來成其為O耳。細閱本書「垮肩下氣」、「O形呼吸」之訣及其他各種真傳功夫，當知其概略矣。

武術鍛鍊，不拘於習動習靜。在「行、住、坐、臥」上都可以應用氣功的傳授，按法練習，自有安養神經，恢復大腦皮質部過於反射的疲勞。雖說神經本身並無疲勞感覺，其疲勞在肌肉與神經接續部，但神經乃靠血液營養，久用思慮，血耗傷經，此神經衰弱之所由致。

任何疾病莫不由於氣血停滯所造成。氣為陽，血為陰；陽為矛，陰為盾；矛盾不能統一，故生疾病。但氣血之所以停滯，又不外乎飲食寒熱與身心虧損為其誘因。人之生在氣，氣之司在肺；氣行則血行，血行則少病。然而氣的司令為意，意到則氣到。因之在行功時，要以意使氣，不可勉強，不可著相；微微若存，似有似無，才不會產生副作用。

今專以氣功來說，在中國寶貴遺產中，多種多樣而豐富多彩。在武術門中，少林亦分內外兩功；武當之太極，也是內功；自然門拳術，也是內功，也可以均名氣功。方法繁多，各有其是。

習靜內功，亦一種體育療法，現應用於醫院以醫療疾病和病後的恢復作用；保健延壽，卓有成效。

氣功之在我國，自黃帝內經《素問》中附有「導引」之說以來，即是氣功發明的濫觴，再經佛（少林出之）、道（武當出之）各家闡揚，已經有4600多年歷史了。惟在以前秘其術，靳其論，使人們莫測高深；或傳者失實，引起不良後果；甚至任談高玄，走入迷途，使可服務於勞動人民健康事業的寶貴遺產，棄置不彰，良用慨惜。要知道內功統陰陽兩面之正。動靜歸正，即是得道。道有道理，道有道功，今之氣功，即屬「道功」一種。

人生不出「動、靜」二字，以生理學言，大腦功能在靜，靜則可使高級神經得到休息；動則能促使組織機能之新陳代謝作用旺盛。就以習靜功的體育療法來講，靜坐時，是靜了，而氣有迴旋，是靜中有動；以「調氣式」、「達摩功」等等動作之氣功來講，雖然是動了，而動中有氣化流行相對之靜，這即是所謂的「動靜既濟」。這是辯證法，任何事物，都是在動與靜的對立統一中變化發展的，既聯繫，又統一。

假設我們動之久而不知靜，是徒知用體力，不知有相當休息，則久必筋骨痿頓疼痛。其徒知用腦力而不知休止，是知靜而不知動，則久必患神經衰弱或血壓高等症候，即代謝作用不旺盛，廢物不易排出，致組織細胞硬化。此均動靜趨於極端，不諳「動靜既濟」之過。

練「心身健康」的功夫，有「動靜既濟」之說；「治國平天下」，也是一樣，有「心物既濟」之論。說思維，裡面有實踐之義；說實踐，裡面有思維之跡。思維中之實踐，是真思維；實踐中之思維，才是真實踐，是之謂「心

物既濟」，也即是矛盾的統一。

生理學中，已知由口中吸收氧氣，由鼻中呼出二氧化碳，是為外呼吸。血液得氧氣，經循環後而由口中輸出二氧化碳，是為內呼吸。今如善於調節這內外呼吸，使氣周布全身，血循無障礙，司氣的肺臟得以充分發育，其能卻疾延壽的道理，固甚明顯，無待贅釋了。

據昔人師傅所授，謂血又由何處來？曰：「來於飲食」。血又作何用處？曰：「自身提煉而為精液」。精又作何用處？曰：「提化而為元氣」，是無形的氣，以別於有形的氣。此元氣在內部遍行筋骨血肉皮毛中，故又名曰：「中氣」或「宗氣」。

在點穴法中，常曰：「氣在前走，血在後跟」。斯血液在血管中得以運行無阻的無形元氣。

吾人如在靜定中，運氣周行，不僅可以恢復體力和智力上的疲勞；且可促使精液在靜定中以化氣，則精管無餘精，自不易受刺激；同時精管收縮，使精管細胞緊湊，所以能夠醫療遺精和早洩。

還有一層，這元氣是煉精化氣之氣（要用「煉」字，非練），也即是內氣；呼吸之氣，乃是外氣，是空氣。如得內功O形呼吸之訣，使這內外氣相拍合，也即是生理學上內外呼吸相拍合的道理。其能充壯體魄，榮旺精神，誠不可以道里計。惟其中的原理，在中國內家是這樣傳授；我個人行持數十年，確也有此體會。「透過實踐，方知真理」，凡屬按功研習的，就知所說非誣，可以自行實證。但這說法之在今天，是否即可以科學根據為解釋，使

我們各得滿意的答覆？在我看來，其或尚有許多真理，要在精研科學的人，深入實際，自我體會，重加探討。學問之道，無窮無盡，不可自滿。以為今日未能徹底瞭解的學理和功夫，可能明日即得著了圓滿答案，不應即認為無充分科學根據而不正視現實。

人生有三要素：營養、衛生、鍛鍊。人們只知營養、衛生，不喜鍛鍊，又或想鍛鍊，又不知如何鍛鍊。本書之作，正是指導人們如何去鍛鍊，又用什麼方法去鍛鍊。然則鍛鍊的總目標，鍛鍊的總原理是什麼呢？不僅有促進血液循環，旺盛代謝的作用；還要使人類都得著一點心身健康的好處，從此改變人生哲學，「大公無私，中道和平」地造福人群，不要侵略稱霸，合乎正道而共用世界升平之福。如是而已。

氣 功

氣功，就是中國武術的總稱。因為武術的涵義廣泛，有南北派、內外家之別；各有運氣和技擊的傳授。要而言之，分動與靜兩種練法；分技擊、花式、功夫三個類型。其總義不出「動中取靜，靜中補動」的辯證法，動中意存丹田，靜中氣有迴旋，即「動靜有常」；總義不出「和平持中」的看法。

習體育，練武功，尚鍛鍊。待人接物，為軍為政，平治天下，亦何莫不然。「得其一，萬事畢」，念之念之，豈特武道一端而已。這即是中國文化，理論聯繫實際，文武道合德之所以然；是以「心身健康」為手段的。因為

練心的精神，要用靜功；練體的軀骸，要用動功，而兩者又互為依存斯成其為「心身健康」。以心身健康的人民，從事於生產建設、科學研究……豈有不出色完成之理？在取其精髓所在，應用於人生為原則。而千古分論，從未一統，今日得與世人明之，並公開之，所以壽人壽世，造福來茲。

杜師心五云：習武與處世一樣，均係自一點上起。由此一點，即成一圈，小圈而大圈，包容宇宙，無不適合，故有「圓中要妙」四字之訣。可見杜師自然門氣功，早與今日我著「一O哲學」相契。而所謂「自然辯證法」者，亦何莫不如此。

今天，「氣功」、「功夫」的名氣，已喧騰海外，並且有很多愛好者，不遠萬里，到中國來求學。有的以為氣功如此神奇，一學就成為巨人，神力莫測；有的是鍛鍊身體，認為一學便可還童，但學了以後，又覺不過如此，或竟莫測高深。

在這全民重視武術鍛鍊的形勢下，正應加大宣傳，擴大影響，可惜的是沒有提出一個練習氣功的綱領；又沒有指出與所謂「功夫」者有何異同；應怎樣來選擇個人所需求的科別，學後又如何堅持練下去，達到健身除疾的目的。現不妨簡介於下：

氣功，分動的練習和靜的練習兩大類，為練氣內壯，能承受外來的襲擊，也是鍛鍊軀體健強的手段。所謂「功夫」，出於粵語之「打功夫」，即「習武術」之通稱。因為要武術好，得了傳授，須要持恒練習。持恒就須時間，

即是時日。積年累月，才成為精通的技術，而身體也就練好了。

　　俗云：「有功夫，請來坐坐吧！」可見功夫即是「時間」的代號。功夫大，即練習的時日長些。在國語上來講，功夫即是武術了。在北方，也以「練功夫」即是「練武術」的說法；今亦通名「練功」。

　　現在一般以表現氣力的打石頭、捲鐵板、汽車過身等等，視為了不起的氣功。實則，只要體健有力者，教教方法，均可為之。不能以此等技術，作為「氣功」的代表，這些氣功家，對於武術的技擊，有一籌莫展的。

　　事實上，氣功的總訣是，嘴閉，由鼻出氣一口，兩肩頭自然下垂；小腹放鬆，意存丹田（小腹之中）；目視對方兩眉之間的心理；不要著相，握固；要放鬆，要自然，似有似無之境。在練動功時，手手打伸，腿腿踢伸；勿用暴力，以鼻呼吸。除大練後，自可由鼻口出氣數次，以後仍是口閉，以鼻呼吸；也就自然不會「低頭貓腰」，也自然不會「發聲喊叫」，顯出不大方。如此練習，氣向骨髓內斂，筋骨不會僵化。

　　如練靜功，在盤膝趺坐時，腰椎端直，目閉舌平，意守小腹，練法同上，只手足未動而已。其習內壯。承受得外力者，是早起做準備動作後，練「提功」十口，即馬襠，由鼻吸氣上提，再由鼻呼氣下沉；各提降二、三下，此為一口；如此十口，即十次。再用竹刷、鯽魚板、木杵等，摔打胸腹腰背和四肢。由輕到重，由少到多。願習靜功者，自便。故可全部通習，亦可單獨行之。

由此看來，即不練此等功夫時，「行、住、坐、臥」，又何嘗不可如此養氣呢？意到氣到，氣到力到；用之精審，流通百骸，是謂之勁；拘於一處者，是謂之力，如此如此。再進而言之，為軍為政，諸家雜技，文學藝術，何莫不然。畫好花卉蟲魚，針灸任何穴位，都要意守小腹，沉靜默運，則下筆下針若有神了。秉政，也公正了。治軍，也得士卒之心了。可是，不要太機械的科學化了！什麼調節正呼吸、胸式呼吸、腹式呼吸、膈式呼吸等等，會「走火」，搞壞了的呵！

古人云：「道法自然」，就是這個自然大道理，只是沒傳口訣，言人人殊，結果徒存在文字上，講講玄微就是；所以流入空談，難得實效了。「勿怪無奇，是真妙訣」，幸三思之。

氣，為人生調節機能的原動力，沒有氣，從何營「代謝作用」？人們吸收氧氣，排出二氧化碳，正是促進血液循環，旺盛代謝作用。氣，蓄於肺，故有「達摩內功」，專練肺部以總其成了。氣行不暢，就會生病；如一斷氣，生命就完結。

這樣看來，「氣功」云者，即如何發展肺部，如何練此「氣」之為用的功夫之意，是任何人所必須知道的常識，必須鍛鍊的技術，有何難於理解呢！其所以難於理解的，就是無人直指其練法所在，練了絕不會發生副作用，而有助於全民、全人類之生長孳息，繁榮昌盛。

人生嘛，既生了就要幸福強健，這一切均建立於「心身健康」、「情操高尚」的基礎之上。而這基礎，又正繫

於傳授「氣功口訣」之上。「得訣回來好看書」，就是這個道理。卻有一點要注意！來學氣功的，多是武術運動的愛好者，要傳授動靜和內壯的技術氣功，不能以針灸、靈掌和其他來代替，要教他們以技擊武術，是自衛衛國的輔導；是機動軀體，增強膽勇的法門。不然，會造成誤解而貽笑外邦了。

這種氣功，也就是「養氣」之功，按上述口訣練功，無時無刻，不是如此，則學「養氣」，學「涵養」等等，豈不已在其中？所以教訓是「說嘴」，功夫是「實踐」！這是數千年來，少人悟徹，而成為絕大笑柄者。

氣功氣功，以意行氣，意到氣到，久之成「功」。

能運能使，能西能東，既健心身，又養心靈。

心靈要美，物靈要健，既美且健，何事不成？

為文為武，為科為哲，內外兼修，心身健康。

六合之道：內煉精氣神，外煉手眼身。

六位相融合，百事可完成。

內煉一口氣，外煉筋骨皮。既可卻疾病，又可益壽年。

養 氣

養氣，有功夫的，叫做氣功。不僅練功如此，做人養生，亦莫不如此。

即是，不動聲色，不做樣子，人家看不見的。口閉，由鼻出氣一口，小腹放鬆！意，微存小腹；不要認為在丹田一點，只在小腹之中。呼吸以鼻！與人說話，讀書，書

畫……均是如此，一試便知。人們常覺用腦久了，頭會發暈；如用此法，氣自下去。其盛氣凌人，動則生氣者；或做事粗率，舉止不安定者，一用此法，即生效力。再進一步，同時，或有時，在鼻出氣（即是呼）時，覺由尾閭上行，至頭頂（百會）；吸時，而下行，又至尾閭，成此一〇呼吸之訣。不要拘於上述之機械，這是初步教你呼吸，以示督脈逆行，任脈順行的道理。

　　氣行如閃電，是一呼一吸之頃，即成〇形，由後上行，即由顏面下降而下行，經尾閭又上行而無息。如此兩三口即可。不是口口如此的，也不要管它什麼發熱發涼，發硬發軟！

　　此後，只是口閉，以鼻呼吸；意，微存小腹而已，不要著相，不要握固！這即是養氣。氣功之應用於人生，尤其是年老或多病體弱者，神氣不相接時，一用此法，可以充實元氣，救命解紛。記之記之。

　　靜坐等等，均是此法。如是練武，只在目光，似視對方兩眉之間的心理，手手打伸，腿腿踢伸而已。有見於今日氣功之說，各執一詞，有的練壞了。所以泄此秘密，以與同仁共砥之。

第八章　動功的練法

　　「氣功」之所以成為武術精華，是精選武術中內外功夫之鑰匙，是控制生命的「發條」；其以極簡單方式，取得最廣大效果之意。關於習動功與習靜功的傳授，用意行氣是一樣的，惟方法不同而已。

　　練習動功，也是口閉，用鼻呼吸，意守小腹，這是一般的原則。但在動作時，是以意行氣，覺氣下達兩足板而已。這個行氣，多在由鼻微微呼出時行之，覺氣下達兩足板而已；吸氣時，不要管它；收式亦如此。揣摩自悉。

第一節　基本動作

　　任何體育鍛鍊，先得有些準備動作，也即是基本動作。筋骨舒展開了，才從事正式鍛鍊；既不傷了筋骨，也可作為正式體操運動。這些鍛鍊方式，是學習一切內外功的基本，也是鍛鍊物靈「行動健康」的良好捷徑。方式很多，現摘述於下。

一、呼吸運動

　　早起應練習此功夫一次，不要多，多也傷氣。

　　兩足併攏，兩手下垂，再兩掌交叉，右掌覆左掌上，

兩臂徐徐上舉向外分開；同時以鼻吸氣，兩足跟亦上起；然後兩手下落，由口呼出，同時足跟落地。如此行三次深呼吸。不再起足跟，兩手外分之力勿過大，行二次，為緩呼吸。吸時目視左方，呼時目視右方；再兩手叉腰下垂，口閉，鼻出氣，覺氣往兩足下沉。此即昔日所謂「五靈沉著，氣往下沉」之訣，一切收式同此。

這為晨起吐故納新的動作，除此式外，一律口閉，以鼻呼吸，意微沉足板（圖8-1）。

二、腰部運動

此式為練習腰部的運動。

兩拳抱肘再上托，兩手交叉上翻。

再兩掌覆下伸之，閃三下，慢慢可達於地；以後還可抱兩膝，使胸可貼於膝上為成功。

圖8-1

慢慢練來，不可求急；有二三月時間，即可及地（圖
8－2）。

三、腿部運動

此式是練習腿後肌的伸長運動。

先兩拳抱肘，上左步，上穿左手成鉤；再上右步，穿
右手成鉤；再上踢左腳，然後落下。此為習左腳上踢的一
個段落。

再上右步，上穿右手成鉤；上左步，上穿左手成鉤；
上踢右腳；然後落下。此為習右腳上踢的方法。如此交互
習之，以腳隨意可以上踢過頂為成功。

至此，舒展筋骨的基本功告一階段，下為正式的基本
體育療法功夫（圖8－3）。

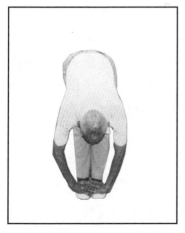

圖8－2

圖8－3

圖8-4

四、全身運動

此功可全身運動。

兩拳抱肘，先開左步，成弓箭步；兩拳變掌，由上向前撲出，再慢慢抓回。如此習三五遍。先上右步習之；不習時，並步收式。

此式習熟時，又可活步習之。即不必兩足板生地不動，乃每手前步可以踏出收回之謂（圖8-4）。

進少林寺，要學打躬式和打轆轤式，澆三年菜園子，才學功夫。

打躬式，即佛家之合掌致敬，我改名腰部運動。北方少河流溪水，灌菜園子，都是打深井，上架轆轤。這個運動，把全身的勁都練出來了，我改名全身運動。至於呼吸運動同腿部運動，是練功人必然的練習。為了科學化，故改名呼吸運動與腿部運動。所以是少林真傳。六合門，見於少林寺之壁畫，為六合對練。

即此全身運動一項功夫，可使肥者減瘦，瘦者增壯。有如老虎伸腰，精力灌注。故此四個基本運動，為各項功夫之弁。

五、氣功歸總

前四式，將舒展筋骨的基本功夫業已述完。

此功乃是氣功的歸總功夫。因為中國稱內功，亦名氣功，並不專指習靜的氣功來說。習這一功，即可代替達摩內功的金鐘罩與鐵布衫等方法，更簡便易學。是在每晨將前四步舒展筋骨功夫練習完畢後，即習此功。

先兩足站開成馬襠，兩掌下垂，掌心向上托起；同時口閉，由鼻吸氣，吸至不能再吸為度；再覆掌下壓，仍由鼻出氣，以不能再呼為度；同時，吸時，向上小吸二次；呼時，向下小呼二次，仍下壓兩掌，此為一口氣。如此習五口氣至十口氣為度。吸時稍慢，呼時在要盡時稍快，並稍用力下壓之。

氣已提畢，再用竹刷遍刷四肢和胸、背、頭、項。先右手持刷端，由左手背之指端，輕輕向臂上擊，至頸為止；再由臂裡向掌部擊去；再下擊左腿，由胯至足。再換左手持刷，如此擊右手右腿外面和裡面，再擊胸，反擊背擊項。再換右手執刷，亦如前法擊之。

不可驟用力，對於手足背有骨之處，尤不可用力；有肌肉之處，始可比較用力。因為有骨之處如用力硬擊，會傷筋骨，以擊至不痛為度，愈不痛，則愈用力。此刷又可拋高擲捉，又可握其兩端而左右捲捏之以習勁力，均無不可（圖8-5、圖8-6、圖8-7）。

刷是毛竹為之，一如未上油漆之通體圓形竹箸，只是較長較粗一倍而已。長為一尺四寸，12至13根為適度，

圖8－5

中以麻索捆之，寬三寸餘。

這個原理，也即是今日所說的是人體內氣運行的一種活動；即人體內部氣血，在某種條件下的一種神經機能的特殊反應。實為練過達摩內功後，在經過敲打、沙包敲叩頭部等等，使四肢百骸的內氣和外部的外氣相結合，始得神經和肌肉的強烈反應。所謂「以意使氣」者，意為心靈的精神作用，氣為物靈的能動資源，由意的指揮，乃發生氣的能量。如斯如斯。

圖8－6

圖8－7

亦可用刷敲叩後，或用酒瓶敲叩，再用鯽魚板橫叩肋間肌，鐵砂包敲叩頭，等等。

六、氣功真義

這所說的「氣功歸總」等等，即是「提功」，又名「站樁」。整個意義，即是用收放手法（收緊－放鬆），以意使氣，達到形體上的一致。形運於外，氣行於內，「緣督以為經」，使氣成O形周流全身，促成血循暢通，生機旺盛，而達到心身健康的目的，這即是所說的「O形呼吸」之訣了。

所謂「丹田」，不必多論，即指小腹之中而言。它是「真氣」（即元氣）之所在，把氣練通了，上達百會，中通膻中，下達湧泉，自然百脈和融，無疾無癘。更外加刷打，所以氣貫百骸，抵力與外力和抗衡，就產生了「內勁」，身如鐵石。

1.捲鋼板

即厚2、3公分，寬15公分～16公分之建築用的鐵片，長兩公尺左右者一條，在左臂上，捲成螺旋形（圖8－8）。

2.鋼釘穿板

即杉、松木板一塊，厚約六至八公分，隔布一片，以鋼釘約五寸長，右手下插之，洞過板面（圖8－9）。

圖8－8

圖8-9　　　　　　　　圖8-10

3.兩指夾鋼杖

重約20餘斤的鋼杖，以食、中二指，夾其一端，平行挑起之。所謂「千斤不壓梢」也（圖8-10）。

第二節　岳家八段錦

本書所寫的八段錦，相傳是南宋岳飛發明。所謂內煉「精氣神」，外煉「手眼身」，內外相合的六合基本功夫，亦基於此。以我練習多年的體會，不僅可作為習武術或體育上的準備動作，而其於醫療疾病上，更具有莫大功效。依據後人考據，此功分南北兩派，南派成立式練習，托梁世昌所傳，運動量小，我亦知之。北派是岳飛所傳，運動量大，今以岳家為主。所述八段，在按段命名意義上，就可以作為治療某項疾病的提綱了。

我幼年喜歡武術運動，但家中既無場所，又乏師傅，積久亦患胃疾，飽脹不適，藥餌數年，迄未痊可。後從楊師畏之游，得八段錦真傳。初視之，似不及武術技藝的多種多樣；然習之三月，則一切宿疾皆除，且氣色壯旺，為平生所未有，以之益信此功，誠為武術的津樑，抑體育療法中的骨幹。簡便易學而療效極高，如僅在鍛鍊身體、祛病益壽上來說，實已包括一切體操類的功能而盡之。以其分為八段，每段都有獨到效果，集而傳之，所以名之曰八段錦；錦者，精華之意。外有同者，但行功和姿勢上各有師傅之別。

式雖止於八，但動作卻不簡單，實難於一一詳為撮出，只好以一片為代表了。

一、提地托天理三焦

【解釋】

先成立正姿勢，兩拳抱腰，兩足併攏，為預備式。

由上式開左步成馬襠，兩拳成掌下垂，兩掌上提，同時向外分開（圖8-11）。

再兩掌平行向裡合攏，兩中指尖相距約五寸。

再兩掌向上相合，亦距約五六寸，向下落，再向外抓回成拳，平行提起。

圖8-11

圖8-12

此式可以重複兩回。

然後向上托，目上視左掌背，再視右掌背，均存有如透過掌背而達於掌心的感覺。再兩臂向外分開落下，如同起式（圖8-12）。

【行功】

這八段錦的每段行功，一如前述，均要「口閉，以鼻呼吸，覺氣下達而布於兩足板」，則氣自然貫於全身。尤為行功時，「吸氣任其自然，呼氣與兩手推出或下壓時，有時覺此氣下達于兩足板的體會，是為內功真傳，一習便知。平日不行功時，無時不可以存此感覺。

【功能】

此功可以調整人身三部之氣，昔人謂之三焦。如頭頂百會穴至胸中膻中穴為上焦；膻中穴至腹中之神闕（臍）穴為中焦；神闕穴至足心湧泉穴為下焦是也。

此三焦之氣一通，全身之宿疾皆除。可以促進血液循環，增進新陳代謝作用；尤能醫療胃病、血壓高與頭暈目眩之症，為八段錦的主幹鍛鍊；即此一式，體即可健。

二、左右開弓似射雕

【解釋】

為的是八段貫穿練習。即由前式（馬襠，兩手下

垂），起左拳，右手食指成
鉤。有如左手執弓，握弓靶，
右手鉤弓弦之概。慢慢前後拉
開，右手直至右眉梢後，掌外
翻，目再向右方後瞧，再向前
瞧，以習目力與臂力。

圖8－13

　　然後倒過手來，右手似執
弓，左手似鉤弦，前後拉開，
目向左後瞧，再向前瞧。如此
每式各習二三次，均無不可。

　　不習時，兩手向外成環形
轉下垂落，再習第三段（圖
8－13）。

【功能】

　　此式可以練習兩臂之力與頸椎之活動，又同時練習了
目力，可以增進眼球韌帶彈性和視神經的敏銳感覺。醫療
脊椎不正常和目力遠視、近視。

三、調理脾胃須單舉

【解釋】

　　由前式右轉身，右拳抱腰，左拳向上；再左拳變掌，
由右向左後方撈回；同時左轉身，右拳變掌，向左上方伸
出。伸出之掌如推山，目瞧掌背而似透過掌心。後方之掌
下壓如塞海，指端向前。

　　再右回身，右掌向下方後向回撈，掌下壓；同時，左

147

圖8－14

掌變拳抱回，再變掌上推如前式，目上視。

可以如此重複習之二三次。不習時，同前段所注，兩手向上外分，成環形下垂，再習第四段（圖8－14）。

【功能】

此段可以鍛鍊腹肌的堅韌性與膈肌的擴張性，故可以醫療脾胃不化的症候。

四、五勞七傷往後瞧

【解釋】

由前式兩拳抱腰，先向前上出左拳，再向裡出右拳變掌上托；同時，左拳變掌向後下壓，目後視右腳跟。

由前式，收回右掌成拳抱腰；同時，左掌成拳收回抱腰，即變掌向右前上方推出；此時，右拳亦變掌向後下壓，目視左腳跟。

如此複習二、三次。不習時，如前段成環形，兩手成馬襠下垂（圖8－15）。

【功能】

這段因其利用轉體後視的動作，可以將五臟六腑機能扭轉鍛鍊，因能醫治臟腑宿疾，故名。

昔人云：五臟受傷，名曰五癆。七竅受傷，是名七傷，六腑雖不在內，但運動功能卻已到達。

五、搭拳瞪目加臂力

【解釋】

前式兩掌成拳，自下向前上方抓起，兩拳平胸，拳心向上；同時，目前瞪。如此二三次，再兩拳下垂成掌（圖8－16）。

【功能】

這段動作，可使擴臂肌與大小胸肌及肱臂上肌肉受到鍛鍊；同時亦練習了目光，使眼球肌肉和神經亦受到鍛鍊，故可增加兩臂之力，兼可調節視神經疲勞。

圖8－15　　　　　　　　圖8－16

圖8－17

六、搖頭擺尾固腎腰

【解釋】

由前式按馬襠起立，兩拳變掌下垂，摸及兩足尖。

按此式，頭左搖顧，臀部亦左向擺動；頭右搖顧，臀部亦右向擺動，各二三次。

不習時，照前段兩掌上分，向左右成環形下垂（圖8－17）。

【功能】

這段動作，可以鍛鍊腎臟，使腎臟機能受到左右的擺動，而得以促進血液循環與代謝作用；所以固腎秘精，兼練習中樞神經與大腦皮質部整體動作的協調功用。

七、兩手搬足去心火

【解釋】

由前式，並步直立，兩手抱左足中部，向前蹬出，再收回左腳成立式。

再兩手抱右足中部，向前蹬出，仍收回右腳成立式。

如此交互習之各二三次（圖8－18）。

【功能】

這段動作，因兩手搬直足部，其力似由胸部中心以出。伸出時，用力比較緊張；落下時，用力比較弛緩。因

之可將胸中及心下鬱結之火氣，從之吐露以去，故曰去心火。

須知一切癰疽發背與婦人九種心氣之痛，多由情性不和，肝脾受滯而致。如能兼習此功，不僅可以鍛鍊腿後肌肉的堅韌性，且亦可治心氣不舒的疾病。

圖 8－18

八、馬上七癲百病消

【解釋】

由前式，馬襠稍下，兩拳抱腰；兩拳變掌，掌心向外，前行插出；同時，兩腳跟抬起，勁在兩足前掌。

再成拳由外向裡抓回，成抱肘式（抱腰），拳心向上；同時，兩腳跟落下，勁在後跟。

如此習二、三次。不習時，同前之成環形落下。但至此，八段已完，故即可抱肘直立，再兩拳變掌，虎口向內，下行放落；口閉，以鼻出氣，覺氣往兩足下沉。

成立正姿勢，即為收式（圖 8－19）。

圖 8－19

151

【功能】

這段動作，其運動量增大，故比較以前諸段為緊張。是上下肢及胸腹部同時鍛鍊，可以醫治百病，如多習數次，即可汗出。百病初起，一出汗發表，即是證明內臟及皮膚得到了協和與調節作用，病自可痊癒。

這都是據理說法，如疾已成，甚至不能鍛鍊，自亦必以「藥、針」為先導。今日衛生事業重在「預防為主」，允宜靈活掌握而運用之，不應執著。

【附註】

1.這八段錦的八個運動方式，不要以為其功用，即限於八個某某部位上，須知中國武術類的體育運動，常在一個動作之內，包含了多種機能鍛鍊，其收益固不可以一般運動目之。

2.如習之已熟，又無餘時，就不妨在每段可以複習時，即勿庸複習，每段只習一回，一氣練完就可以了。

3.本八段錦的傳授，按上述練法為定型練習；練之純熟後，再隨意活步練習，名為不定型練習，這是走著練，成圓形練。所有以下之少林八式、小八段錦、華佗五禽圖，均同此例，加上摔手療法，共用活步練習，均無不可。

第三節　少林八式

少林之名，起於南朝梁武帝時，印度達摩祖師渡海東來，不得志於武帝，乃結廬建寺於河南中嶽少室山，名之

曰少林寺；成為中國佛教的第一代祖師，又稱初祖菩提達摩大師。

他以徒眾終日參禪誦經，只務內丹，不練筋骨上的外丹，是不合於「心物兼重」的道理；因之創造了氣功總訣、達摩內功、少林八式等等功夫。

俗稱八式為「把式」，因為真正的少林八式，無人明晰，知者晨星；乃以「兩眼、兩耳、兩手、兩足」為八式，即是要練到「耳聰目明，手足靈活」。這原也說得通，不過少林八式，還是有其固有形象。

今之所述，即是少林失傳的本來八式面目；其行功宗旨，一如前述。

如用之於醫療中，作為「體育療法」，則調節血循，有代償機制作用，加強大腦皮質部與內腑和肌肉間的聯繫，以便早日恢復體力和健康。其各式於下。

一、擴胸式

【解釋】

這是擴胸式的預備式，也是體育療法的開始。

兩腳併攏，兩拳抱肘，拳心向上，目前視，好似看對方兩眉之中的心理（圖8－20）。

圖8－20

【解釋】

由前式，兩腳離開，腰椎挺直，胸部前伸，臀部後引，兩拳由下上舉，拳心向後（圖8－21）。

【解釋】

由前式，兩臂慢慢外向成環形分開，拳眼相對。此時，可以同時由鼻吸氣。

再慢慢兩臂又如圖8－21靠攏，此時可以同時由鼻呼氣，都是同動作合拍，慢慢從事。以下各式動作，呼吸大意均同，但不必太機械了，不再贅述。

按照此方法，重複三、五次以上均可（圖8－22）。

【功能】

可增強臂力，強健肺腑，並可矯正腰椎不端正。

圖8－21

圖8－22

二、調氣式

【解釋】

由前式，下坐成馬襠，再右掌前、左掌後，掌心均向下；同時前傾，變為弓箭步。

由前式後坐，兩掌同時向裡成圓形摸回。就按此方式，向裡成平面圓形打圈，如同太極拳向裡攬雀尾姿勢；兩胯同時前後屈伸。願做若干次均可。

圖8-23

右邊轉數十圈後，再轉左方習之，只是左掌在前，右掌在後。有畢生習此一式而疾病不生的；或加第一式更為完備了（圖8-23）。

【功能】

此功夫習之既久，可以固精平氣，愈胃病及神經衰弱、半身或腰腿不隨的症候。

三、划船式

【解釋】

由前式，左腳後坐，左掌上起，掌心向外；右掌伸直裡撈。

由前式，右掌撈回時，勁坐右腳，右掌上翻，左掌下托。

再則由此式左掌下撈（如圖之撈），撈起左掌上翻，右掌下托。即是按照此圖，手的左右互換，勁坐左腳就是，如此反覆習之（圖8－24）。

【功能】

可以治療脅肋疼痛、心胸不舒暢之病，又可以矯正腰胯的僵硬。

四、承氣式

【解釋】

由前式，兩腳收攏，兩拳抱肘下蹲，腳跟上起。

由前式，兩拳變掌，掌心向上平托，再向兩側方伸直（亦可平伸）。

由前式起立，同時兩掌握拳抱腰，由此式下蹲平伸如圖；再由圖收拳直立，反覆習之（圖8－25）。

圖8－24　　　　　　　圖8－25

【功能】

可以鍛鍊膝胯之力，同時調節正常的呼吸而增進肺活量。

五、打錘式

圖8－26

【解釋】

由前式變馬襠，兩拳抱肘，再左拳平行打出。

左拳收回抱肘再打右拳。如此交互習之。打出成陰拳（拳心向下），收回成陽拳（拳心向上）（圖8－26）。

【功能】

可以練習兩臂打出的力量，鍛鍊了擴臂肌同大胸肌，增進了臂力。

六、望月式

【解釋】

由前式收回抱肘，身向右轉。

由前式，伸出左拳，勁前傾。

由前式，右拳變掌，向前仰掌穿出；左拳變掌仰式後撈伸出；同時頭後顧。

再左回身前穿左手，右手由上向後撈，轉半周平托向上。

似此交互習之（圖8－27）。

【功能】

可以鍛鍊頸椎活動，同時使大腦及神經中樞受到左右屈伸的鍛鍊，也使大腦皮層得到了良好的發育。清醒神志，有醫治頭目眩暈的作用。

七、撼天式

【解釋】

由前式變馬襠，兩拳抱肘。

由前式變掌，右掌上托；同時，左掌下按，目上視。

由前式，再左掌上托；同時，右掌下按，目上視。如此交互習之（圖8－28）。

【功能】

可以調整臟腑機能，又使肺臟得和諧的呼吸，而促進代謝作用的旺盛。

圖8－27　　　　　　　圖8－28

八、塞海式

【解釋】

由前式變如撼天式之馬襠，兩拳抱肘姿勢。

再變掌，兩掌上托翻起，腰漸上伸，目上視。

由前式右轉身，兩掌同時向前轉圈推出，掌心亦向前，目前視，勁前傾。再左回身。

再兩掌轉圈向前推出，只是勁在左腳，換個方向就是。如此交互習之（圖8－29）。

【功能】

可以鍛鍊上肢平衡的力量，擴大肺活量。

由前式，不練習時，正過身來，即收回左腳同右腳併攏，手放下；同時由鼻出氣，意向下達；再兩腳尖分開。這也即是整路的收式法則（圖8－30）。

圖8－29　　　　　　　　　圖8－30

【附註】

凡只練習一、二式時，就重複多練習幾回；如果從頭到後練完為止，每式練一回也可，練二、三回也無不可，量自己體力而行，不必拘執。收式時，自然是意達足板，即在練習時，也是隨動作的運行，只是要順其自然的運用即可。

附：伸筋拔骨式

這是達摩祖師留下的舒筋活血、拔骨行氣之鍛鍊方式。

1.抱肘直立（圖8-31）。

2.開左步，反插左掌下伸，再轉身（圖8-32）。

3.上右步，反插右掌下伸。

圖8-31

圖8-32

4.再上左步，由下向上托左掌上伸，均同上圖，變身。

5.收右步，立正收式（圖8－33）。

可以如上法，由開右步反插右掌行之。

第四節　　小八段錦

小八段錦，又稱外八段錦；上下盤的內功，稱內八段錦，均王師顯齋不傳之秘，平生只授我一人，我曾公開於以前著作中，茲再列於此，以示不忘。行功旨趣，卻疾延壽，厥功甚偉。凡七式，共十手，可以連續習之。為切合時代，我曾改名為「連續運動」。其次序於下。

1.起式。

2.兩手托日月（左掌心喻為日，右掌心喻為月），簡稱兩掌上托。

3.前朱雀（左右各一手，均先左後右），簡稱左右掌前分。

4.左青龍（左掌抓回）。

5.右白虎（右掌抓回）。

6.後玄武（左右各一手），簡稱左掌後探。

7.轉轆轤（左右各一手），簡稱右掌後探。

8.龍虎相交（兩臂交轉）。

9.收式習後，以是站著練習的，練後可以踢腿，踏腳走。

一、起式

兩手握拳，平置兩腰眼處，即胯骨尖上，此為起式（圖8-34）。

二、兩手托日月

由前式，兩拳翻上成兩掌，兩掌尖相對，先觀左掌心，再觀右掌心，所以喻迎日月之氣（圖8-35）。

三、前朱雀

由前式收回成起式，先將左掌前伸，再左外向抓拳，與左腿成直角，收回歸原處；右掌亦如之（圖8-36）。

圖8-34　　　　圖8-35　　　　圖8-36

四、左青龍

由起式用掌左向直出成錘抓回歸原處（圖8－37）。

五、右白虎

由起式用掌右向直出成錘抓回歸原處（圖如上反是）。

六、後玄武

由起式先左拳開掌向後平出，自下抓回歸原處；右拳亦如之，但步不動，只身擰（圖8－38）。

七、轉轆轤

由起式左掌開掌向前平出，再返回成輪狀覆下可達左足尖；始上起左向與左腿成直角，抓拳歸原處；右手亦如

圖8－37　　　　　　　圖8－38

之（膝不可屈）（圖8－39）。

八、龍虎相交

由起式，兩拳向前開掌，掌背向外拂之，則兩掌心向上托起翻轉成上式交叉之，再收回歸原處（圖8－40）。

九、收式

由起式，雙拳成掌向下覆壓之，意守丹田，靜若無事然，即為收式。

但在未收式前，欲多習之，即自前朱雀起，反覆習之，不用托日月式矣（圖8－41）。

圖8－39　　　　圖8－40　　　　圖8－41

第五節　華佗五禽圖（五禽之戲）

　　華佗為後漢時外科名醫，距今 1800 餘年。在昔日有所謂藥功的，這即是所謂有道儒醫；除諳醫藥之外，尚有鍛鍊的功夫，但流久不僅醫藥的真旨失傳，就是功夫一節，尤為散軼。良用慨惜。

　　華佗固既善於醫藥，而又兼明功夫的人，嘗云：「人身常動搖則穀氣消，血脈通，病不生。」所傳五禽之戲，即本斯旨而作，但及今亦只見於書籍，究竟如何戲法，殊少實際見到。我所得的，功夫雖簡而習好殊不易，想民間當有存在的，以後再互相研究之。

　　但是習醫藥所以又須兼悉功夫的，也就是醫藥為治標，功夫為治本。治標為救急，治本為預防。甚則即在久病宿疾的，應是某處機能受阻，如習功夫以促其氣血暢行以通之，自然也容易恢復，所以功夫也是可以兩用的。昔日劉師祖為人治病，除用藥石外，而亦兼授功夫，莫不著手成春，功到病除，世稱為神醫，不知就是這藥與功並行的力量，而亦即我國勞動人民，積數千年來的寶貴經驗。

　　治療疾病功夫，當然也不僅是這五禽圖。今余書全冊，任何功夫，均是藥功中「功」字的功夫，內中五分之一，多為劉師祖所授，幸勿等閒目之。

　　所謂五禽，不必全指為飛禽，古人固以禽字，也包括了獸字在內。華佗發明這五禽之戲，戲，即動作形態，有如圖表，固又稱五禽圖。

當時在山採藥或棲真養性的時候，常見這特殊的禽也獸也，其動靜和行止上，有其特徵之處，值得仿效；因之揣摩它的動作，而著為運動方式。這亦因醫學內容，是包括了保健和治療兩個目的，華佗為中醫外科開山祖師，所以他發明五禽之戲，正是於保健與基本治療上，起了重大作用。

如吾人暇時，習此方式以為遊樂之戲，既可兼將身體練好，也可以驅除疾病。斯曰：「使氣血充足，身體健康，以求難老」，「使穀氣得消，血脈流通，病不得生」，「以求難老，兼利手足」等等，就是這個目的。

南拳有「龍、虎、豹、蛇、鶴」之五種拳法，是按其本質來發展壯大的。如龍拳練神，虎拳練骨，豹拳練力，蛇拳練氣，鶴拳練精之類。

現所述之五禽圖，是按其應用上發展壯大的，所以為：「虎撲、鹿愣、熊推、猿升、鳥飛」，為運氣使之之標準。能學到它們這種行動，心身還有不健強純正之理？古人發明一種學藝，所謂「仰觀、俯察」，取法於自然生態，蓋有足多者。

一、虎撲之戲

虎以撲著稱，效而作虎撲之戲，所以練骨（虎拳亦練骨）。

抱肘直立，兩拳向上，再向外翻起成掌，向前撲下；同時，起右步，跟左步。

再兩掌抓回成拳，同時退左步，收右步。再如前式撲

下，是同時上左步而跟右步。如此交互撲習之。不習時，兩掌下垂收式。

方法雖甚簡單，但欲上撲勢猛和跟步輕快上，大有功夫。

是用的騰撲之勁（圖 8－42）。

圖 8－42

二、鹿愣之戲

鹿以楞（ㄌㄥˊ）勁稱，這式即專習楞勁。所謂楞勁，即突如其來軟中帶硬之勁，似鹿在跑行時，如聞聲響，即可引頸併蹄戛然而止，在國語上，名之曰愣（ㄌㄥˋ），所以練神（龍拳亦是練神）。

並步直立，兩手成鬼頭指，即大指靠食指，食指彎屈，其他三指捲，用的是食指背節。

兩手抱肘上右步，右轉身，右指向右橫向擊出，左指抱腰；擠左步（是跟步又前進了半步），再上左步左轉身；左指向左橫向擊出，右指抱腰；擠右步。如此交互習之，均是騰勁（圖 8－43）。

圖 8－43

三、熊推之戲

熊以推抱之力著稱，此式專習其推抱之勁，所以練力（豹拳亦練力）。

抱肘直立，兩拳由下向上翻起，由兩肩窩前平行成掌發出，是推勁；兩掌後之肘部是抱勁；同時，上右步擠左步，再上左步擠右步，如前法推出。

如此交互習之，亦是騰勁（圖8－44）。

圖8－44

四、猿升之戲

猿以能攀援上升著稱。所謂升，乃上攀之極，可以如飛而浮游於岩岫之間。此功即練這升騰之勁，所以練氣（蛇拳亦練氣）。

先是抱肘直立，上右步，擠左步，仰掌外分；再上左步，擠右步，覆掌前壓。習其硬浮之勁，是直勁。此勁習好，始習第二步迴旋之勁。

所謂升騰之勁，是習過前式以後，如左步在前，即由仰掌變覆掌，左腳前掌著地，右腳提起，向左方迴旋，能轉四五圈。

如右步在前，亦同此法，向右方迴旋四五圈，確有升騰浮游姿勢。

以上四種，均分上、中、下三盤，不多釋矣（圖8－45）。

圖8－45

五、鳥飛之戲

鳥以飛翔之勁著稱，所以「捷如飛鳥，紫燕掠水」等等，均是讚美鳥、燕飛掠的敏捷。此功就是專習飛掠之勁，所以練精（鶴拳亦練精）。回飛曰翔，燕形。

先抱肘直立，橫開右步，併左步；同時，左拳搬右拳，右向橫擊。

再過左步，掏左拳，摜出右拳，同時橫開右步。

再回身左向，過右步，成五花手起左腳。

再落左腳，跳右腳；同時下摔兩掌，向上托起，再從兩肩往下翻分，掌心向上（反托）；勢下蹲，勁落右腳。

再騰落右腳，同時兩手回翻，掌心向上（正托）。

再上右步，橫併左步；左拳搬右拳，右拳打出，至此為一階段。

如再過左步反掏左拳；開右步，摜右拳，成馬襠打出。

再左向回身，過右步，成五花手法起左腳，又同前

169

述姿勢3。由此兩手下摔，落左步，過右步，兩手下翻落下，勁坐右腳；再回翻，上右步，併左步，搬左拳，打右拳，仍回前述之姿勢。如此來回習之，不習時收式，均須用到氣功。

這一拍上步併攏打出之勁，即是掠水穿簾之功，其起手與五花手，即回翔作勢，正備穿翔蓄力之故。

所謂五花手，即右掌在上，交叉於左腕上；同時向右回轉，再上下分開；右成掌，左成鉤，起左腿，右腿直立之姿勢。

所有各動作，均分慢動作與快動作，即在跑步之後和散步時，均可行慢動作緩呼吸（圖8－46）。

圖8－46

170

第九章　榻上運動

　　榻上運動，為晨起與寢前，在臥榻上的氣功運動。其簡而易習，不僅可以祛病延壽，如在武術家與體育家習之，可以終身保持筋骨綿軟，不致毀功，這都是昔日內家之秘。

一、被中出腿

　　這功是在起床前，在被中練習的第一功夫。

　　先將左腿抱起，再左手握左腳尖，向右側上方伸出；復縮回伸下。

　　再右手扶右腳習之，習完揭被而起，始練「習靜」之功（圖9-1）。

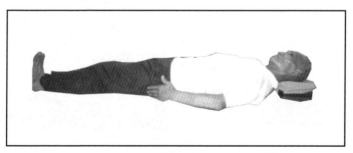

圖9-1

二、探掌

此功為練習腕肘膀關節間之韌力的，可使手部關節鬆靈活動。

先抱肘，出左掌，再以右掌由左肘下向上探翻以出；右則反之，各習二、三次即可（圖9-2）。

三、插出抓回

此功為練習指頭插出的勁力。

此諸式，均是互相銜接。先以左掌成側式向前直伸插出，再握拳抓回，仍置腰眼下（拳心裡向）。右掌如之。各習二三次即可（圖9-3）。

四、轉膀

此功為練習兩膀骨關節間之靈鬆活動的。

由前式，兩掌變鉤靠兩腰際，先將左膀外轉七次，再將右膀外轉七次；有如滑車之轆轤然（圖9-4）。

圖9-2

圖9-3

五、俯仰屈伸

由前坐式，不坐時，慢慢下盤，兩腿伸直，將腎囊整
理一下，勿壓著。如須大小便者，最好先去淨手後再習。
因此功向下俯屈，設不如此，反致疝氣而傷膀胱。

兩足伸直，坐好，兩手抱肘，由拳變掌，下插腳板，
漸可直達腳跟，然後直腰收回成拳。再如法連續習之，三
五次即可（圖9－5）。

六、擦足心

此功可以醫療腳氣病及腿部不隨的病，正擦下部重穴
之「湧泉」的緣故。

又可將頭目心火下移，習久者，百疾皆除。

仍成坐式，赤足。以左腳盤右膝上，左手扶左腳尖，
右掌擦之二、三十次。

 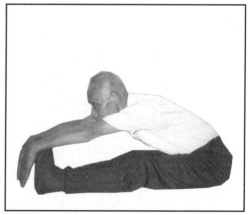

圖9－4　　　　　　　圖9－5

再右腳盤左膝上，右手扶右腳尖，以右掌擦之二、三十次。多均無防，愈多愈佳（圖9－6）。

圖9－6

附：摔（甩）手療法

近來（按：此法盛行於20世紀70年代）出現一種甩手療法，病者和老年人甚感易學，便利，田野間常見之。但動作似過於單調，亦不甚雅觀，引人發噱。因此，聊為增益之，庶更能使學者步入佳境。

行功法門，一按前述。

可以晃膀甩手，但也可以下蹲起伏及學習單獨功夫。有的附相片，有的解釋即明，無須相片。茲撮要列之於下。

1.晨起散步，跑步，鬆肩下氣。

按本書基功呼吸，練練腰部運動，踢踢腿，踏腳走。不是只運動上肢，不管下肢的。

2.下蹲─起立。

3.摔膀式

此式為練兩膀延伸之力。

馬襠，向左轉身，成弓箭步；左手叉腰，右膀下垂，由下向上成圓形轉之。此名順轉；再逆轉，各三、四次。

如再向右轉身，右手叉腰，左手下垂，由下向上成圓形轉之；再逆轉，各三、四次。是用鬆提之勁，不可如機械式之用力回旋（圖9－7）。

4.披膀式

此式為練兩膀橫擊之力。

馬襠，分開兩膀，右膀上，左膀下，向裡披之；再左膀上，右膀下，向裡披之。如此交互習之七、八次，勁要鬆（圖9－8）。

5.貓功

此功為練指力的，有如體操的「扶地挺身」，但這功夫較大。

先用兩掌扶地，身下覆，腳尖下點，上下起落，再頭部同身腰，由下向上，成圓形順轉之，兩肘同時屈伸；再逆轉之，各三、五次，七、八次均可。每三月一換，即是由掌換為五指落

圖9－7

圖9－8

圖9-9　　　　　　　　　　圖9-10

地。再抬起小指，再起無名指，再起中指，再起大指，只
餘食指矣。如能旋轉身體而可支援，殊不多見。用大指起
落者有之，大、食二指落地者有之（圖9-9）。

6.童子拜佛式

此功為練兩足的站力，為習平衡勁的基礎。

先並步直立，再起左足，足尖上蹺，踝靠右腿；右手
交叉於左手之上，如童子拜佛式。

再起右足習之，能每足各站數分鐘，十餘分鐘為恒。
又可站各種平衡姿勢，所起之腳尖，亦可下垂，亦可平伸
不拘（圖9-10）。

7.鷹爪功

此功為練指梢之勁的，亦為氣功基礎。

並步直立，閉目，口闔，以鼻呼吸，意下沉兩足底，
兩臂平伸，四指併攏，大指張開，如此習之，有如習靜。

久必兩臂酸麻，實不能堅持下去，即做左右的迴旋各二、三轉，定一下，抓拳收式（圖9－11）。

8.此外可習擦掌，即兩掌相摩擦，發熱了，如以肥皂洗手然，又以之擦面，捂耳，在冬季行之尤佳。為改正關節、糾正職業病的良好運動。

9.轉腕，兩腕相靠裡外轉翻之，兩腕甩晃之……都可按本書中簡易者，隨意習之，不贅。

10.頂功

即兩腳直立併攏，用兩腳前掌之力，膝不可屈，向上提躍之，十餘次；以後一足屈上，一足跳躍之，交互而習，可練出彈跳之力，有助於行動（圖9－12）。

圖9－11

圖9－12

第十章　靜功的練法

　　人生分體力勞動和腦力勞動，都應有所活動和休息。體力的調節，有動功的體操；腦力的調節，有靜功的體操。現所講的氣功，就是正宗的腦力體操。因為氣血的通路為經絡，練習氣功可促使氣血流通，使衰老之生理、生化指標發生逆轉。

　　所謂動功、靜功，分之為二，合之為一。也可共名之曰氣功。在理論上，沒法一口氣都說了，只好分而言之。在行動上，兩者是合作的。有如早起一套功夫，「被中出腿」後，披被即習靜功；下盤後，才練探掌，等等。

　　現在即以靜功言。能明以前的：「口閉，以鼻呼吸，意守小腹；有時在呼（即出氣）出時，微微呼到底，意識直貫腳板」。如知O形之訣，即由「腳後跟上升，繞後邊督脈，到前邊任脈下降而迴旋無息矣」。是如電之速，左右前後順逆，均可貫通，意到而已，習之自知所謂「至人之息以踵」就在這裡。

　　古人只談理，比喻萬端，卻不言訣，一輩子也搞不通。「得訣回來好看書，從頭一試哈哈笑」！可是，「訣」非得高明，不能傳授。似我今日直泄千古之秘，亦時代使然，固亦出於不得已。

　　習靜方法很多，要不出「行、住、坐、臥」之隨時

用功。「行」，為行動的時候；「住」，為不動的時候；「坐」，為閑坐的時候；「臥」，為睡眠的時候，均可用功習之，不必拘於定式。如吾人持恒習之，則早晚在榻上的坐，自為必要。如吾人為治療疾病，則每日分出三、四次或五、六次之坐，由漸而進。由十餘分鐘至一、二小時，不必強勉。

但在飯後，可先習「食後靠功」，不可即坐。以我經驗，治療疾病的人，無論為何種症候，自應食易於消化的營養物品，以少食為宜，以吃六七成飽為度，要常覺有饑意，切忌飽食。書後附有「節食療法」，可以參考。

所有體育療法的練習方法，不拘「靜一動」，都是口閉，以鼻呼吸。在由鼻呼出時，有時呼盡；有時覺氣下達兩足板。並不是口口氣如此，是有時如此。不必意守丹田（丹田，在臍下一寸五分，即氣海穴），更不可注意於吸氣時肺擴張；呼氣時小腹部增大等等「著相」之論。

在事實上，可能如此，但在行功時，不可存能擴張能縮小等感覺。因意為神的先鋒，是靈通活潑，著相則滯，反有礙於氣行（意，是尚有所存想；神，則為寂照，此處不必深究，難於領會）。更在吸氣時，聽其自然，不用管它。只在呼出時，有時如上述方法行之。

須知此為無形內功之靜養，不比少林有形外功或體育動作之體操等，可以注重肺活量之大小。如學O形呼吸之訣，即是有時由鼻出氣時，微微出盡，覺氣由兩足跟部自背後上達頭項；由鼻吸氣時，覺氣由前面下降於兩足板。是橢圓形，如地球之繞太陽，亦非渾圓之理同。但書上所

說的，是作為參考。意行極速，不能刻意求象。是一息之傾，即繞身周行若干度矣。這即是O形呼吸之訣。

古往今來，求真養性之士，不知枉耗多少心血，打了多少比喻，原來就在這裡。「真傳一張紙，假傳萬卷書」。昔人所謂「至人之息以踵」，習此功後，方能體會得到。

在習動的內功中，行功方法同此，只在基本動作中，是在推出時，有時呼氣微微呼盡，同時覺氣下達兩足板。亦非口口如此，是有時如此；更應在行功時，揣摩行氣意味，其分別在此。

這氣沉兩足板的內功，也即是休養大腦皮質部細胞，使氣血下達而促進血循的一種手段。所以能治靜脈淤血、神經衰弱、機能障礙、代謝不旺盛、記憶力不強等等一切疾病。

意守丹田，則氣不易下達，功效慢，不及這種傳授的好。口閉時，舌自然在兩齒間，上下即可貫通，不用搭橋，不用舌尖上下接氣，這都是多餘。此法練好，氣之順逆變化，均可隨意，勿拘。

第一節　基本方法

基本的習靜功夫，也是鍛鍊心靈思想健康的良好方法，不拘無病有病，早晚均可練習。但有病不能正坐的，可從正坐等自由習靜方法習起，再慢慢按本節方法習之。茲將基本的習靜方法坐式，分述於下。

一、自由坐式

自由坐式，即是不用盤膝，兩足交互正坐。在以前傳授，也為習者定出一個男女練習的規律：男子左腳在裡，右腳在外；女則反之。不外男左女右的俗套，吾人隨意可矣。不拘任何坐式，行功方法則一。

就是腰椎端直，不要注意胸椎的挺起；目微闔，留一線之光，但不外觀；口閉，以鼻呼吸，有時在呼出時，氣微微出盡，同時覺氣往兩足板下達；吸時，不用管它，因呼時出盡，則吸時自亦深長，這即是「深呼吸法」。

只是在吸時，不用注意於肺部之擴張，此其一。同此法則，呼時出氣出盡，亦非注意於小腹之是否增大，只微微注意於下達於兩足板就是，並不是意守丹田，此其二。所謂「意守丹田」，是不在練功時，意存小腹之中而已；舌則在兩齒間。

坐至清淡寂然，萬念皆空，就是好景。靜中有何異感，不拘外界抑身內，均不許有些微的喜惡動念，一任自然，最為重要。更不可計算在坐了若干時日，就以腹有所震動或出一身大汗而宿疾頓除之為高。只管到時練習，勿計其他，是為至囑。

其餘用功，均同此法，只在行功時，存此意達兩足板之感覺可矣，不一一重述。

又，在坐好尚未正式坐時，以兩手扶兩膝，向前後左右起身，將坐褥及腰臀端正，名為預坐式。

先可微微呼吸兩口，鼻吸口吐；然後「垮肩下氣」，

即由鼻出氣一口，意往下沉，或在小腹均可，此後不再用口呼吸了。

　　坐處要空氣好，最好一人一室，榻要硬木板。如在病人，有妻者，要分榻，節色慾。少飲酒吸菸，熬夜賭博，以便明天更有精力地完成任務，這是今天「習靜」與以前宗教性質的「參禪」不同含義之點。

　　多吃易於消化的食物，但亦戒過食。無病的，以食八九成飽為度。有病的，食五六成飽即可。有胃病者，不妨少食多餐。無論病否，均可練習「節食療法」一個月，不僅獲得了飲食上的大自由，且將新舊宿疾，一掃而空，不妨一試。

　　莊子精華：「離形去志，心齊持中；緣督以為經，吉祥止止！」萬物靜觀皆自得。

二、單盤坐式

　　單盤坐式，即左腳置右胯內側，右腳在外之坐式，用功同前（**女則反之**）（圖10-1）。

圖10-1

圖10－2

三、雙盤坐式

雙盤坐式，是左腳置右胯內側，右腳再盤置在左膝上部。行功同一式（女則反之）（圖10－2）。

【註】按河圖－○哲理，先天是先生陽，後生陰；到了後天則先降陰，後降陽。

吾人習功，固然是內外功都是互為作用的，但一般在練習時，先練外而後練內。所以先學鍛鍊身體健康功夫，再習心靈健康功夫。

可是在習法上，還是心靈指導物靈，思維指導行動，也是交互為用的。所以早晚習靜功，白天習動功，是互相制約的。

第二節　內八段錦

內家除疾健體坐功，在早起習靜後，未下盤時，練此內八段錦；在寢前習靜後，練下邊四段，共為十二段錦。均昔人之秘，我得來都是很不容易的。

曾述於他著，茲促成本書之全，亦附於此。

一、鳴天鼓

兩手掩耳，食指加中指上而下彈之，一上一下，如擊鼓然。習24通。袪風濕邪氣，可癒腦疾（圖10－3）。

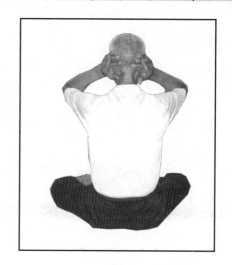

圖10－3

二、磨齒

以上下牙床，來回磨之，幾十來回，閉嘴空咽一口氣，七次。再則上下咬合之，名叩齒，亦七次，則可預防齒疾，使齒根牢固，但圖上難於看出，只張口示齒之狀，練時仍閉嘴（圖10－4）。

圖10－4

185

圖 10－5

三、揉泥丸

一手掩崑崙（腦後枕骨），一手揉前腦頂（髮際上一寸為泥丸宮），左右手互揉之，各 24 遍，除腦疾（圖 10－5）。

圖 10－6

四、明目

先用兩中指向內揉兩眼簾 24 次，再以之靠鼻兩側，由下向上，外向繞兩太陽穴轉之，亦 24 次。促使眼部周圍血管的流行，從而使視神經得到調整，老來，眼泡不向下垂腫大（圖 10－6）。

五、聰耳

以兩手掌掩耳，掩輕，放稍重，如拔罐然，可除耳中邪氣，能令耳聰（圖10－7）。

圖10－7

六、摩背

握兩空拳上下反擦腰眼，且晃，且由口出氣數次，名鼇魚擺尾」。能驅出胃中濁氣，使胃部舒暢（圖10－8）。

圖10－8

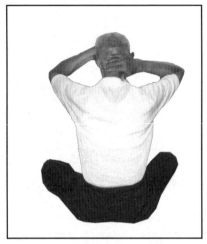

圖10－9

七、擦椿

一手按泥丸宮，一手擦後脖，各24次，交互習之。使頸部靈活，不受風寒（圖10－9）。

圖10－10

八、擦面

以兩手摩擦一、二十次，則手心發熱，以之擦面，如洗臉然。可使面部神經調整，永駐青春（圖10－10）。

第三節　寢前習靜

寢前習靜，所以休養一日的疲勞，安定神經，使心曠神怡。下盤後，其功有四。

一、揉胸部（圖略）

即以掌輕揉「七坎穴」之胸窩部，24次，治心臟病。

二、擦小腹

即是擦丹田，一手仰置臍下，一手橫向擦小腹，交互習之，名24次。右邊盲腸部位，可以多揉二、三十次。去衣，靠體練習（圖10－11）。

圖10－11

三、擦膝部

兩腿直，坐好，以左右兩中指推揉髕骨兩側，各24次，治膝關節風濕症（圖10－12）。

四、擦腿部

以兩掌擦每一腿部，即脛骨兩側。又以一掌向上反擦膝之內部，各十餘次。治腿部抽搐、靜脈屈張等職業病。均可隨意摩擦，勿拘（圖10－13）。

附：回光法

此功可練習兩眼球韌帶的收縮性能，又可調節視神經的疲勞，可醫治近、遠視眼之勿加深度。

仍由前坐式，右手輕握左手四指，置於腹下；再闔目將頭由下向上，左轉七次，稍定；再右轉七次，稍定；始徐徐啟目。但在轉頭時，兩眼球亦同時旋轉，如此則目光

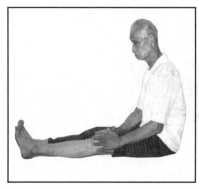

圖9－12

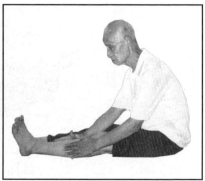

圖9－13

可以回復正常，故名「回光法」。

又如，在練基本功夫呼吸運動時，目閉，兩眼球同時左向顧七次，再右向顧七次，即睜眼極目遠視，同時呼吸兩口，如此七次，名除目疾內功，極效（這是在外站著練的）。

第四節　氣功精華

任何一門學問，大概是越學越深；又越深則越簡，由繁到簡，由簡到精；精中之華，因所學科目不同而不同。今所列者，不拘性別，不拘職業，只要是成年人，有此興趣，習之即可收效。固然服食有益補品和藥餌，也是重要的；但合理的鍛鍊，尤為重要。使年老推遲，主要由於鍛鍊；促進血液循環，旺盛代謝作用，使大腦皮層得到較好的調節，恢復了「動力定型」。

人們承認，人壽的修短，不全是生理現象，而是病理現象。如南美厄瓜多爾的一個小村名「比爾卡班巴」，有五個農民活到123歲～142歲以上，原因是「食勿過飽」，每日從事適度勞動，「蔬食飲水」而已。

我國祖宗長壽秘訣尚不止此。「工作工作」，為了改善人民生活，不能說終日；「蔬食飲水，飲清茹淡」，還是要有相當的營養供應，只在一「節」字而已。除各種內功有益鍛鍊外，還有固精、固氣、養神的寶貴經驗和傳授：六合之道，天下可行，這是科學證明，毫無誇大。天下由大亂以至於天下大治，我相信人們最終目的，即是想

「多活幾年」了，然乎否乎？

一、達摩內功

相傳達摩修養內功，以此功為基本鍛鍊。因人生在氣，氣之司在肺，肺臟健康，自然百病不生，所以為氣功基本。

在睡覺與起床之前，均可習之。先閉口空咽兩口氣（三口亦可），以右掌繞左乳房週邊肺部位置，揉摩50圈；再空咽兩口氣，左手向右肺部揉摩50圈。如此一月後，再各增加50圈；每50圈後，一定空咽兩口氣！先摩完左邊，再摩右邊，如此可以增加到每邊二、三百圈為恒。胸部揉畢，即揉摩胸口下之胃脘部同腹部，兼醫胃腸病及胸脅氣痛。何處不適，即揉何處。兩手交換揉之。這也即是中國的「按摩運動」。

揉腹部時，不必再空咽。空咽之理，是先使肺臟得著自然氣體與津液，再借揉力，使內氣遍行肺臟，則揉力可達肺葉邊緣，使肺臟充分發育和鍛鍊，功效很大；可免患肺癌、肺氣腫、支氣管炎、肝炎等等內臟疾病。同時揉到腹部，可免患腸癌、腸結核、闌尾炎等等的腸胃病（圖10-14）。

【註】女性不可揉胸，只可揉腹！

今科學界研究，認為揉胸部可以增強胸腺分泌，有抗癌功能。從知這些所有功夫，無不有科學上的根據。只是他們還沒有得著傳授，為遺憾耳。

再為：「揉囊法」，男性用之！即以右拇指與食指中

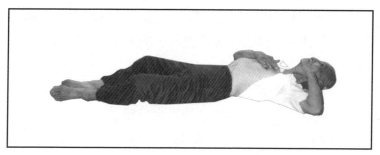

圖 10－14

指捏皮，由側方揉陰囊之睪丸 36 轉；復以左手如之；再共托轉之；不捏。可以固腎起萎。

再以中指揉「會陰穴」（在腎根與肛門之間）24 轉！

所謂「腦堅，腎健，氣足」才可以少病的說法，如不按上邊所述的種種秘傳練習，是不易短時間收到成果的。

今日所謂「老年學」、「老年醫學」，固然理論很全面，有病當然要服藥治病，但他們均未摸著延年益壽的秘傳道功，也即是氣功。

他說了「三百篇」，不及「煉精化氣」和「達摩內功」；以及這些固精固氣、自行推拿按摩等功夫，幸三致意焉！要言不煩，習之自知。

二、煉精化氣

此功夫為固精養氣第一要功，習之可以治遺精早洩的疾患。無病的習之，可添精力，益壽算。此所謂煉精化氣，是它自然化為元氣，是無形的。其原理在內經上，就是「腎，開竅於耳」；以古說言之，左屬陽而右屬陰。

練法即是用左右食指塞兩耳孔，目口皆閉，以鼻呼吸，有時在由鼻微微呼氣呼盡時，覺氣下達兩足板而已，是為「深長呼吸」。

兩食指塞兩耳孔時，以塞好向裡一叩，即是不鬆不緊之候。透氣不效，口漏氣不效！太緊難受，太鬆走氣，須要按法操習而自然行之（大指在耳後，其餘三指可以捲屈）。時間以三、五分鐘至七、八分鐘為宜，不願習即緩緩將指放下，不可急遽，不可強習！

習時即有人推喊，亦不可驚動，可慢慢將指放下，再慢慢應之。不用氣下達之功時，即是自然呼吸。亦不拘於次數；靠椅時固亦可習，但仍以正式練習之睡時為宜。側臥、仰臥都可以，只是有鼻疾不通氣之人，無法練習。無食指者，不妨以中指代，男女皆同。如即在習功時睡著，亦無妨。即多習若干時間亦無妨。

體弱、耳鳴或聾者，只要耳膜未傷，習此功後，均可有助於恢復其聽覺。因口閉、目閉、耳塞，只留鼻以通呼吸。但耳為精之通路，故在其本身自然機能上，即使精逆行而化氣，無他道路。

如此習之，此氣即回精以補腦，補腦即填髓，所以亦治頭暈齒疼（由於腎虧者）、筋骨酸痛之症。總在持恆，習之自悉。又凡大小便後，有精液外滴者，習之旬日即癒（有花柳病者在外）。

我行醫十餘年（按：該著作成稿於50年代），專醫此等症候，傳授此等功夫，雖有少數人未能治癒，但十之七八，莫不痊可。其未癒的人，一是症重，一是未得此功方

法，習之無恒，或因其他之客觀原因。

又，此功在性後習之，毛孔即回收，翌日亦少疲敝。但不可縱慾，此功只是養精固氣，非使人不愛惜身體者，幸注意及之。須知一部道書與宗教類說到修養身心的學問，莫不講如何固精煉氣的法門，以及男女生活的大道理，所以這些功夫，就成為人們養生的鎖匙。

今天去其什麼烏兔也、藥物也、黃婆做媒也、沐浴溫養也等等神秘的外衣，直揭其本來面目，原來是人人可以學習的，並不需要成佛作祖啊！

又凡在陽壯不下時，只要意對會陰穴出氣出重一些，吸氣時不要管它，如此兩三口氣即下。行這方法時，是在用上述功時行之。這以後，仍用自然呼吸法，隔一個時間，願再行此功，仍可再行。

以上「煉精化氣」的呼吸法，名為文火；這種用重呼吸法，名為武火。都是以前所謂「燒丹煉汞」的神話，故意迷糊閱者，不傳真訣的比喻，說穿了，不過如此而已。

會陰穴在肛門前約一寸之處，即是兩胯中點，指男性言。是每週修平指甲一次，留指甲不好練（圖10－15）。

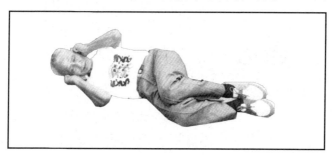

圖10－15

再告訴你們，今天科學根究人體結構和基本功能的發源地，名為「生物場」，又名「能量流」者，以及東漢魏伯陽所著的《參同契》，以元氣為「作丹」的說法，哪知是以精為能，丹田為生物場（即磁場），煉精化氣之元氣，即生物場所產生之能量流。

在人生理上，由飲食化血液，血液化精液。精煉為氣，氣化神，神還虛，虛合無；斯名之為證道，成真，也即是人生的究竟（虛即中〇；無，及假設之〇也，沒有了）。長壽有方，在於練功！

三、提功甲

為的是鍛鍊腎臟，所以在早晨起床之前，可行此功。

即是平臥伸直，挺腰，挺胸，昂頭，兩足跟引伸，足尖上蹺，暗中用勁，兩足左右伸動，腰向上提，故肩亦左右動擺，則勁始到腰腎之上。如此搖挺三、五下即可，可以輔助固精。因提功尚有一種，此種遂名為提功甲，是固精的基本鍛鍊。

四、提功乙

此功應用於精關不固及早洩的，臨時可以提之，又於平日隨時習一、二次，可以輔助固精，不必限於床上床下。

先挺腰，覺氣由尾閭而上至腰眼（命門穴之處）；接著即挺胸昂頭（口閉），覺此氣即上升頭頂（百會穴之

處）；同時，兩目上視，存視此停頓之處（百會穴）心理，約三四秒鐘，即可有效。

遲數分鐘，仍可再做，無妨的。

五、津液還丹

在以前善於修養身體者，最忌隨意吐口水。凡是常喜吐口水的人，定必消瘦，且也是將患肺病的預兆。

因之凡在平日欲吐的唾液，除非已患結核或濃稠黏液非吐出不可者外，均可在吐出時，即於口內多嚼，嚼成清水，時間可以延長，閉口慢慢咀嚼，清水轉成微甜之味，咽之，可以助消化，潤肺臟，又可革除吐口水的習慣，惟在初習時，常覺不慣，但強習數次，即知其妙。津液如丹藥，故名。

今見科學界對唾液的研究：唾液中，不僅有球蛋白等，最重要的為唾液腺激素，能延緩機能衰退，有延年益壽功能。足見古人之說，早有科學的根據。

六、食後靠功（此功不適用於集體）

我們在飯後即行散步，這並不衛生。因為食物由咽下完全達到胃部，尚需十餘分鐘時間，即行散步，反不易於消化。應用蹲式，背靠門、壁、床邊均可，不用力蹲靠十餘分鐘，再慢慢起立，坐一會，再散步，始合衛生。

這都是以前有修養的人所傳，非我發明，習之可以終

身不易患胃腸病（靠時，鬆褲帶）（圖10－16）。

圖10－16

七、調息功

調息之法，除正坐用功外，又可輔以外功。即以左手中食二指頭，微塞鼻孔，以不透氣為度，暗數一至十的數字。男放食指（左鼻孔），女放中指（右鼻孔）；俟氣換平勻後，再如法習之，每做二、三回，日一、二次；可以使行氣平勻而有助於肺臟的健康。但氣已平勻了，可隔數日做一次。

如把上邊所說的和功夫，持恒按法習之，定知古人所謂「精滿不思淫，氣滿不思食，神滿不思睡」之所以然。

附　錄

一、衛生方法

人生有三要素：一曰營養；二曰衛生；三曰鍛鍊。營養在於選擇易於消化而又富於維生素的物品；飲必有節，食必有時。

衛生須知生理和細菌常識，勤於洗沐，更換衣被，掃除潔淨。鍛鍊則須勤習氣功，餘時從事體育，總要動靜合度，不可偏激。我個人關於此中體會，習之無間者，可為同人言之，以作參考。

凡自外歸，必以開水或淨水漱出一、二口，以面巾擦嘴（巾不可共），洗手。大小便後洗手，餐前洗手，餐後擦嘴，寢前漱口（用牙刷、牙膏）。便後用水洗，熱水洗腳。要養成每晨起床後通便的習慣。

寢前習盤膝坐的氣功，然後習「睡前體育療法」。睡下後，習達摩基本內功，煉精化氣，用睡功安寢。所謂「睡功」，即是側身握拳，足趾亦捲屈，口閉，以鼻呼吸之法。事先應將裡褲提鬆（指男性）。

半夜如睡醒，又習「煉精化氣」功，或起習盤膝氣功；黎明即起，起前又習「煉精化氣」功、達摩內功，然後做「被中出腿」功夫；再起坐，習氣功。下盤後，習晨

起之榻上運動。再習「擦兩膝，擦足三里，擦兩足心之湧泉穴」。下床，先去大便，再以熱巾擦或洗淨，練習基本動氣功；而多習「調氣式」。再習自由動氣功與輔導氣功武術等。休息十餘分鐘，洗面漱口，吃早點，習靠功，以後辦公或做他事。午後餘時，習武術，練體育，習自由輔導體育療法等。

再者，只要在15歲以上的人，不拘性別，最好習一次「節食療法」，此中對於泯除疾病和益壽延年上，當獲莫大助益。

飲食固然要有定時為佳，但在尚飽而不欲食時，卻勿強食，亦勿加餐。饑則食，渴則飲，總要煮熟、消毒、勿過食為原則。平日最好戒絕菸、酒、辣椒等刺激性的食物與不正當的嗜好。

青壯年人，不知手淫惡習，定要精神寄託於體育的鍛鍊上，不可自誤天年。有妻室的人，也應節慾，重在精神，尤為切囑。「君子坦蕩蕩」，是客觀、樂觀和無私的原因，所以有「浩然之氣」，是長壽少疾之道。「小人常戚戚」，是主觀、悲觀和私心的原因，所以有「天地狹」之感覺，是促壽患病的開始。我們應持樂觀態度鍛鍊心身，錘磨志氣，為國家、為人類做一番事業。

話又談回來，要想個人衛生，還要顧到公共衛生。除個人應重公共衛生外，更應教導子弟不要隨地大小便、吐痰、拋棄紙屑果皮；要愛護公共財產，保護樹木，打掃院宇，清洗廁所、溝渠……不然，仍是不獲全功，這是國民道德！一個有為國家的人民所應具有的品格。

二、節食療法

節食療法，早就盛行於民間，所謂「晚飯少吃口，活到九十九」的諺語，就是這個道理。現在世界各國的醫學界，早已用流質食物和少吃食物來治療胃腸的疾病了。

我們知道，我們的民族文化是多種多樣而豐富多彩的，以前都是蒙上了一層宗教或迷信的外衣，令人望而生畏，不敢去領教它，現在是要發掘國家寶藏，把它整理出來，所以「導引」練意的功夫，今天用科學的理論整理出來就成為「氣功療法」了，也即是本書的「體育療法」一部分。現在所說的「節食療法」就是在古人的「辟穀」之術上整理出來的。

每一行學問或功夫，假設沒有獨到的地方，絕不會流傳下來。我以前曾抱著這種想法，從事投師學習，到後來我發現了他們的秘密並不神奇，都是功夫，而且合乎科學要求，我們只要得著了氣功的傳授，按法練習就能健康我們的身體，祛除我們的疾病，豐富我們的生活，使我們更領悟了「天地寬」的境界。這給於我們從事社會工作，增添了內在無限的活力。

我寫這篇「節食療法」，正是為了發掘國家的文化寶藏，破除迷信。按法練習，對於有病的人，可以作祛病鍛鍊；對於沒有病的人，可以作清除疾病鍛鍊。是以一個月為鍛鍊期，這以後，就隨各人自便了。可以按定時進餐，也可以在必要時隨意進餐。不是說不要進營養食物與不食食物，或只使人們吃八成飽。有不能按一月練習的，也可

以掌握著方法，隨意練習。

所謂節食療法，是離不開內功的，只是要口閉，以鼻呼吸，意達兩足板。有疾無疾，成人後，或二十五、六歲之後，都可以習之一月。有胃腸病與血壓高的，更可以練習。

「不饑不食，不渴不飲」，「勿食過度，所食宜審」。今天白菜豆腐，明天魚肉大蔥；今天米飯，明天麵點；今天飽食一頓，明天餓它一餐，如此常常更換，時時肚腹覺餓。由此餓它二、三日，或不飲一、二日，再慢慢飲牛乳，吃大棗紅糖湯而漸漸恢復；計時一月，即算成功，從此可以耐得住必要時的饑渴，經得起必要時的鍛鍊。如果遇有病，即知少吃，不吃，再服藥始易見效。

茲將一個月的練習表，略書於下，也可以任意改變，勿拘成規。余曾習過，如非有效與特殊好處，也不敢負責著述於此。這功夫練成之後，可以多吃，可以少吃，必要時可以不吃，可以為吃的時間同精粗好惡，一按平常斟酌。所以這方法既不是「吃齋」，也不是「苦行」，也不是從此「餓肚」，是一個鍛鍊腸胃韌性的有益功夫。

此中原理寫書一部，也不見長，少說幾句，也可以概其餘。今簡述之。

人生在於營養，這是大家都知道的，但終年積食，從未做腸胃大掃除運動，身體弱的，工作忙的，少於運動，就容易停滯；小則生痰，重則成病，更重則成痞成癌。食物中，少不了有些餘毒，從未大餓，消化力不速，不能將每次食物消化乾淨，致有餘毒，流注經絡，遂成瘡瘍痔

疾；雖然症候的客觀原因繁多，然此理亦占半數。所以昔日善於養生的人，常引孔子「食無求飽，居無求安」等等之論，是說美味佳餚，也不可過食過飽；錦衾重茵、高樓大廈，不是住、用不得，是在生理原則上，只要室廣氣爽，幾榻清潔，這同高樓大廈是沒有區別的；而板床棉被，更是鍛鍊身體以從事勞動的本錢；所以日食珍饈，不常食白菜豆腐的人，少得碳水化合物及鐵質與纖維，必易使代謝作用不旺盛，體質軟弱而易患血壓高、糖尿病、胃腸病等症，蓋可斷言。

由此看來，節食，是有節制的意思，不是不食。諸君不妨照法試習。所有繼述原理，有關於生理、醫學、神經上的，我不想多事解釋，留待諸君之補充可矣。

（一）節食方法

一月練習提綱

茲以一月30日計，又以每日三餐計，作一月的「節食療法」提綱於下。

所謂減一碗半碗的意思，或麵包減一塊半塊，是按各人平日每餐碗數、個數照減，如此人每餐三碗或三塊饅頭，令減一碗一塊，仍吃兩碗兩塊，以此類推。如在團體習之，則無多大出入了。在醫院休養的病員，均可照法，按病員飲食伸縮行之。

節食只至27日，餘三日為恢復期，食流食物品。

如人多共習，只按表作統一的分配，除每餐僅食一碗者外，餘均按表習之。在家庭中，或個人練習，才按以前說法。表中數位是最高數位，許少不許多。所用的碗，未

注明大碗，就是通用的飯碗。

所列三餐時間，都可提早或放遲，不必抱定。所書品名，無則按其類以更換之，素者從素，葷者從葷。

凡節食一日的，多做習靜的氣功，餘時睡覺，他事少做。

（二）節食日序（所列數字代表日序）

1.每餐減一碗素菜（菜以每人一飯碗計）。

2.上午減一碗，中午恢復，下午減兩碗（如只食兩碗者減一碗，食一碗減半碗），素菜。

3.上午粥三碗，中午粥兩碗，下午麵一大碗，葷菜。

4.上午饅頭兩個，中午三個，下午一個，素菜。

5.三餐飯，任食，葷菜（任食，就是可以飽食的意思）。

6.三餐食青菜之類，如蘿蔔、芋頭均可，任食，素食。

7.三餐皆麵，每人一大碗，葷菜。

8.上午粥兩碗，中午飯兩碗，下午麵一碗，素菜。

9.三餐素食蘿蔔或芋頭，或馬鈴薯，不加油鹽佐料。

10.上午不食，飲紅糖生薑水一杯，中午素麵一碗，下午饅頭三個，葷菜。

11.上、中午，各食夾心麵包三個，晚，麵一大碗，加一塊肉，每塊約重二兩。

12.節食一日，每餐只飲開水一杯。

13.上午粥一碗，中午麵一碗，下午芋頭一碗，素菜。

14.上午麵包兩個，中午兩個，葷菜，下午炒青菜一

碗。

15.上午洋蔥一碗，中午芋頭一碗，下午馬鈴薯一碗，葷菜。

16.上午燉豬肉一碗，中午燉牛肉一碗，下午燉羊肉一碗。（**不完備時，任改成一種或兩種**）。

17.上午飯，中午饅頭，下午煮花生，任食，素菜。

18.上午炒花生三兩，瓜子一撮，中午炒蠶豆三兩，下午水果一頓，如桃、梨、柑等均可，去皮。酌配，不齊可以改換。

19.上午燒餅三個，中午烙餅半斤，葷菜，下午餅乾四兩，開水任飲，吃不下的，不必強食。

20.節食一日，只晚間飲紅糖生薑水一杯。

21.上午紅糖煮大棗一大碗，中午紅糖煮龍眼或百合之類一大碗；下午藕粉一大碗，白糖沖煮。

22.三餐素麵，如淡菜大蒜之類，任食。

23.上午饅頭三個，中午炒米粉一大碗，下午水果一頓。

24.三餐麵包，葷菜任食。

25.節食一日，三餐均飲紅糖生薑水兩杯。

26.節食一日，三餐均飲紅糖生薑水兩杯。

27.身體好的，個人練習的，可以在這最後一天，水都不飲，再節食一日。如在團體，可以開始恢復，三餐食粥。

28.上午紅糖煮大棗湯，中午素湯麵一大碗，下午同。

29.只上、下午素食菜類兩餐，任食。

30.只上、下或中午葷食魚肉兩餐，任食。

按上列各日序，在吾人練習時，可以視客觀需要，酌為修改，總在洗淨，消毒，煮熟；不拘種類，因地制宜，只要是可食之物，均可隨意食之，即是一頓；不拘時間，不拘精粗，飽否均無所謂。能養出這種習慣，即得「大自在」了。

上面所述，只算個人照法學習過來的經驗，不是說即請大家照練，還望科學界有此興趣的人，先由個人練習，試驗可行否，再加以科學理論的補充；再在小規模的團體中試習。俟逐步取得成績後，大家認為可以接受，再發揚推行，才是本人的初衷，也是合於辯證的辦法，謹此附及。

歡迎至本公司購買書籍

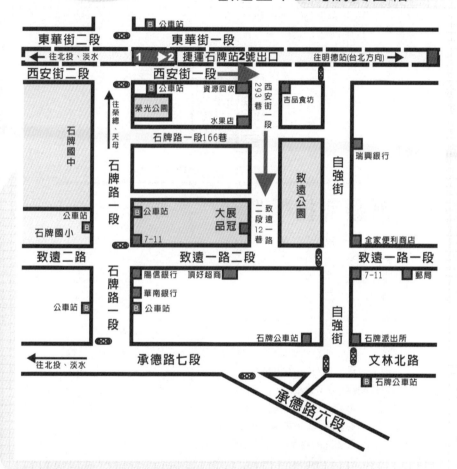

建議路線

1. 搭乘捷運‧公車

　　淡水線石牌站下車，由石牌捷運站 2 號出口出站(出站後靠右邊)，沿著捷運高架往台北方向走(往明德站方向)，其街名為西安街，約走100公尺(勿超過紅綠燈)，由西安街一段293巷進來(巷口有一公車站牌，站名為自強街口)，本公司位於致遠公園對面。搭公車者請於石牌站(石牌派出所)下車，走進自強街，遇致遠路口左轉，右手邊第一條巷子即為本社位置。

2. 自行開車或騎車

　　由承德路接石牌路，看到陽信銀行右轉，此條即為致遠一路二段，在遇到自強街(紅綠燈)前的巷子(致遠公園)左轉，即可看到本公司招牌。

國家圖書館出版品預行編目資料

萬籟聲技擊教範／萬籟聲 著 萬士震 整理
——初版——臺北市，大展，2016[民105.01]
　　面；21公分——（武術特輯；155）
　　ISBN 978-986-346-099-2 （平裝）
　　1.武術 2.氣功
　　528.97　　　　　　　　　　104024275

萬籟聲技擊教範

著　　者／萬　籟　聲

整　　理／萬　士　震

責任編輯／王　躍　平

發 行 人／蔡　森　明

出 版 者／大展出版社有限公司

社　　址／台北市北投區（石牌）致遠一路2段12巷1號

電　　話／(02) 28236031‧28236033‧28233123

傳　　真／(02) 28272069

郵政劃撥／01669551

網　　址／www.dah-jaan.com.tw

E-mail／service@dah-jaan.com.tw

登 記 證／局版臺業字第2171號

承 印 者／傳興印刷有限公司

裝　　訂／眾友企業公司

排 版 者／千兵企業有限公司

授 權 者／山西科學技術出版社

初版1刷／2016年（民105年）1月

　　　　　　　　　　　　　　　定　價／230元

大展好書　好書大展
品嘗好書　冠群可期

大展好書　好書大展
品嘗好書・冠群可期